W0181073

Schrader-Motor-Chronik

Schwalbe und Co.
Simson Kleinkrafträder und Kleinroller

1955 – 1991

Schwalbe und Co.
Simson Kleinkrafträder und Kleinroller

1955 – 1991

Eine Dokumentation von Frank Rönicke

Schrader
Verlag

Eine Haftung des Autors oder des Verlages und seiner Beauftragten für
Personen-, Sach- und Vermögensschäden ist ausgeschlossen.

ISBN 3-613-87173-4

Copyright © by Schrader Verlag, Postfach 103743, 70032 Stuttgart
Ein Unternehmen der Paul Pietsch Verlage GmbH + Co
1. Auflage 1998

Nachdruck, auch einzelner Teile, ist verboten.
Das Urheberrecht und sämtliche weiteren Rechte sind dem Verlag vorbehalten.
Übersetzung, Speicherung, Vervielfältigung und Verbreitung
einschließlich Übernahme auf elektronische Datenträger wie CD-Rom, Bildplatte usw.
sowie Einspeicherung in elektronische Medien wie Bildschirmtext, Internet usw.
ist ohne vorherige schriftliche Genehmigung des Verlages unzulässig und strafbar.

Lektorat: Halwart Schrader
Innengestaltung: Klaus Necker
Repro: Repro Schmid, 70469 Stuttgart
Druck: Gulde-Druck GmbH, 72070 Tübingen
Bindung: Josef Spinner, 77833 Ottersweier
Printed in Germany

Inhalt

Vorwort

Weit über fünf Millionen kleiner Zweitakt-Motorräder hatten die Suhler Montagehallen seit 1955 verlassen, als sich am 31. September 1991 die Werkstore hinter den letzten der ehemals 4000 Simson-Mitarbeiter schlossen. Der zu DDR-Zeiten zweitgrößte Arbeitgeber in Thüringen mußte der neuen Marktordnung des Westens seinen Tribut zollen. Dabei waren die Mokicks und Kleinroller, im Gegensatz zu den vierrädrigen Kraftfahrzeugen des Ostens, gar nicht so weit vom Weltniveau entfernt gewesen. Aber niemand in der westlichen Welt hatte auf sie gewartet, und die östliche konnte sich die Suhler Zweiräder nach Einführung der D-Mark nicht mehr leisten. Für die Ex-DDR-Kundschaft – es war noch nicht lange her, da hatte sie bis zu vier Jahre auf die begehrte Schwalbe warten müssen – hatten zudem andere Konsuminteressen Vorrang.

Frank Rönicke beschreibt die Modellpolitik der Zweiradhersteller Thüringens von 1955 bis 1991 anhand der Wiedergabe von Werbematerial aus vier Jahrzehnten und wirft auch einen Blick auf die Suhler Produktion nach der Wende: Eine interessante Dokumentation deutscher Motorhistorie.

Halwart Schrader

Im Herbst 1953 waren die Weichen gestellt worden. Damals entschied eine Arbeitsgruppe des DDR-Maschinenbau-Ministeriums über den Standort des Betriebes, der künftig Mopeds in Großserie bauen sollte. Die früheren Simson-Werke in Suhl erhielten den Zuschlag für ein Fertigungsprogramm, um das sie sich gar nicht beworben hatte. Aber die Fachleute sahen in Suhl ideale Voraussetzungen für eine kurzfristig aufnehmbare Produktion.

Hier, wo 1856 die Brüder Simson das »Suhler Eisenwerk« gegründet hatten und durch die Herstellung von Waffen, Kinderwagen und Kutschen weit über Thüringens Grenzen hinaus bekannt geworden waren, hatte man schon früh Zweirad-Geschichte geschrieben: 1896 war die Herstellung von Fahrrädern aufgenommen worden, die Simson ebenso wie die 1911 angelaufene Automobilproduktion zu internationalem Ansehen verhalf.

Das Hauptgeschäft blieb allerdings stets die Waffenproduktion. Dieser Umstand und die Tatsache, daß sich der Familienbetrieb in jüdischem Besitz befand, führte im November 1935 zur Enteignung der Firma in nationalsozialistischer Manier. Der Name Simson verschwand und wurde durch die Bezeichnung »Berlin-Suhler Waffen- und Fahrzeugwerke GmbH« ersetzt.

Dem Trend der Zeit folgend, nahm das Suhler Werk 1936 den Bau motorisierter Zweiräder mit steuer- und führerscheinfreiem 100-ccm-Motor auf. Das 55 km/h schnelle BSW Motor-Fahrrad Modell 100 mit Sachs-Motor, von dem bis Kriegsbeginn jährlich 3000 Stück hergestellt wurden, gilt als der Urahn aller nach dem Krieg in Suhl produzierten Kleinkrafträder. 1941 – das Werk war inzwischen in »Gustloff-Werke, Waffenwerk Suhl« umbenannt worden – lief die Herstellung des Moped-Vorläufers aus.

Im Juli 1945 übernahm die Sowjetische Militär-Administration in Deutschland (SMAD) das Werk und ließ es ab April 1946 demontieren. In einigen verschont gebliebenen Gebäuden begann jedoch bald wieder die Produktion von Jagdwaffen, Kinderwagen und Fahrrädern, die für den Export in die Sowjetunion bestimmt waren. »Reparationsleistungen« nannte man das, worunter die ostdeutsche Wirtschaft noch

Jahrzehnte zu leiden hatte. Auch dürfte der Blick auf das eigene Absatzgebiet für die Anordnung der sowjetischen Behörden den Ausschag gegeben haben, bei Simson wieder Motorräder bauen zu lassen.

Mit seinem Einzylinder-ohv-Motor (250 ccm), Viergang-Blockgetriebe, Kardanantrieb und geschlossener Teleskopfederung erinnerte das Kraftrad an die BMW R25. AWO 425 tauften seine Väter den Viertakter, der noch zu DDR-Zeiten Kultcharakter bekam. AWO stand für Awtowelo, der Bezeichnung für die sowjetische Aktiengesellschaft, der das Suhler Werk 1947 einverleibt worden war. Am 1. Mai 1952 übereigneten die Sowjets den im Volksmund stets »das Simson-Werk« gebliebenen Betrieb der DDR.

Ein Jahr später erreichte der Moped-Boom im Westen Deutschlands einen ersten Höhepunkt. Hier durften in verstärkte Fahrradrahmen eingesetzte Motoren nicht mehr als 50 ccm Hubraum aufweisen. Die ostdeutsche Konstruktion hielt sich aber lediig an die Hubraumgröße, ansonsten setzten die Suhler Ingenieure eigene Maßstäbe.

Während sie am Fahrgestell feilten, entwickelten Zschopauer Zweitakt-Spezialisten des späteren MZ-Werks einen Motor, der im Büromaschinenwerk Rheinmetall in Sömmerda fabriziert werden sollte. Die im Juni 1955 einsetzende Serienfertigung des »SR1« (S für Suhl, R für Rheinmetall) in den Räumen der ehemaligen Kinderwagenfertigung, die zugunsten des Mopeds aufgegeben worden war, wurde später offiziell auf den 5. Mai rückdatiert.

Mit seinen dünnen Blechteilen, dem Einrohrrahmen und den großen 26-Zoll-Rädern ähnelte das erste Suhler Moped noch sehr einem Fahrrad. Aber damit lag die thüringische Neuschöpfung durchaus im Trend. Schwinghebel vorn und Schwinggabel hinten, beide in Gummi gelagert, sorgten für Federungskomfort. Das Fahren auf DDR-Straßen machte allerdings erst der sehr gut gefederte Sattel erträglich.

Im Inland konnte sich der Käufer für 990 Mark (Ost) die Lackierung aussuchen – nur braun (»maron«) mußte sie sein. Mit verchromten Naben, Alufelgen und Farbgebungen in Beige, Blau oder Lindgrün geriet das SR1 schnell zum Exportschlager, nicht nur im sozialistischen Ausland.

Die Simson-Geschichte

Mitte Februar 1956 begannen die Arbeiten am Nachfolgetyp, der im darauffolgenden Frühjahr das SR1 ersetzen sollte. 23-Zoll-Räder, ein größerer Tank und ein stabiler Gepäckträger waren die äußeren Unterscheidungsmerkmale des nun einem Moped schon viel ähnlicher gewordenen Kraftrades. Der Motor Rh 50II konnte mit dem Pedaltrieb im Stand angeworfen werden; das SR1 hatte man noch ein paar Meter fahrradmäßig antreten müssen. 1050 Mark kostete das neue Modell in den Farben Maron und Beigegrau. Im Ausland gab es das neue Modell in zweifarbigen Lackierungen.

Eigentlich nur für den Export vorgesehen (dessen Anteil betrug zeitweise über 30 Prozent) schickte Simson im Dezember 1959 eine verbesserte Version, jetzt SR2E genannt (E für Export), ins Rennen. Gleichzeitig löste das E-Modell den Grundtyp auch im Inland ab. Die wesentlichsten Änderungen betrafen die Radführungen: Eine auf Schraubenfedern abgestützte, um den Kotflügel herumlaufende Kurzschwinge vorn und Schraubenfedern hinten erhöhten in Verbindung mit längeren Federwegen deutlich den Fahrkomfort. Später kletterte die Leistung des Motors um 0,3 auf 1,8 PS. Frische Farben wie Signal- und Bordeauxrot sollten die Importeure in 45 Ländern bei guter Laune halten.

Doch das fiel schwer. Längst hatte sich für die kleinen 50-ccm-Krafträder international die Bauweise mit Schalenrahmen und stärkeren Motoren durchgesetzt. Freilich hatten auch die Suhler ein solches Fahrzeug in petto; schon Ende der fünfziger Jahre war ihre Konstruktion serienreif gewesen. Doch zu lange hatte die DDR-Regierung dem Modell SR3 die Produktionsgenehmigung verweigert. Grund: Mangel an Karosserieblech. Die Folgen bekam Simson 1963 zu spüren, als die Produktionszahlen zwar nach oben stiegen, der Ver-

Abb. Seite 2: Fototermin an der Donau in Rumänien. 1979 startete die Zeitschrift Kraftfahrzeugtechnik mit zwei S50B2 eine 5000-km-Testfahrt durch Osteuropa.

Abb. Seite 5: Schlaghosen und S50B im Jahre 1975. Allerdings galt in der DDR zu dieser Zeit auch schon für die Fünfziger Helmpflicht!

kauf aber stagnierte. Das SR2E war zu spät erschienen und wurde nun auf Halde produziert.

Vom Blechmangel betroffen war auch der seit Juni 1958 in Produktion befindliche Kleinroller KR50. Für seine üppige Verkleidung stand nie genügend Material zur Verfügung, so

Die Marke Simson kann eine lange Tradition im Kraftfahrzeugbau aufweisen. Ein Faltblatt von 1991.

daß die Kaufinteressenten des Schwalbe-Vorläufers viel Geduld aufbringen mußten. Für 1150 Mark erhielten sie schließlich ein unkonventionelles Zweirad, das schick aussah, vor Schmutz und Regen schützte und mit guten Fahrleistungen aufwartete. An den stabilen Doppelrohrrahmen hatten die Techniker nämlich den leistungsgesteigerten Fünfziger mit 2,1 PS gehängt, der den nur 68 kg schweren Roller über 50 km/h schnell machte. Den 20-Zoll-Rädern wurde vorn die Federung des SR2 angepaßt, hinten federte eine auf Schraubenfedern abgestützte Schwinge, später zwei reibungsgedämpfte Federbeine. Der Motor wurde mittels Kickstarter angeworfen; das Zweiganggetriebe ließ sich am unveränderten SR2-Lenker schalten.
Der Nachfolger des KR 50 war die legendäre »Schwalbe« (KR51). Sie begründete Anfang 1964 die zweite Suhler Kleinkraftrad-Generation, die berühmte »Vogelserie«. Dem wachsenden Kapazitätsbedarf in Suhl fiel Ende 1961 das letzte in der DDR produzierte Viertakt-Motorrad zum Opfer: Die Simson (AWO) 425 verschwand aus dem Fertigungsprogramm.
Baukastensystem hieß das Zauberwort sowohl für den neuen Motor als auch für kommende Mokick-Generationen. Der Motor konnte mit drei oder vier Getriebegängen, Hand- oder Fußschaltung, mit Leistungen von 2 bis 4,6 PS, fahrtwind- oder zwangsgekühlt, mit automatischer Anfahr- oder mit einer Schaltkupplung geliefert werden.
Der neue Kleinroller kam zuerst in den Genuß des Simson-Antriebs. Mit drei Gängen (zunächst noch handgeschaltet), 3,4 PS und Gebläsekühlung werkelte er vier Jahre lang unter dem Blechtunnel und durfte den zweisitzigen Roller mit

Zwei neue SR2 werden an Kunden ausgeliefert.

behördlicher Genehmigung 60 km/h schnell machen. Dafür und für die Soziusfestigkeit waren die Bremsen verstärkt und die Federung verbessert worden. Nach dem Hinterrad war jetzt auch der Vorderbau auf eine Langschwinge mit Federbeinen gestützt.
22 Produktionsjahre ließen die Schwalbe äußerlich zwar nahezu unverändert erscheinen. Doch die Simson-Ingenieure verbesserten den Kleinroller ständig entsprechend dem aktuellen Entwicklungs- und Wissensstand. Auch gab es eine reichliche Typenvielfalt.
Der KR51F mit Fußschaltung lief eine Zeit lang parallel zum H-Modell und löste dieses schließlich ab. 1968 sorgte der verbesserte Motor M53/1 unter anderem für etwas mehr Leistung und angenehmere Fahrgeräusche. 1971 glaubten die

Die Simson-Geschichte

Suhler, daß ihnen mit dem KR51/1S der ganz große Wurf gelungen sei, aber der Roller mit automatischer Kupplung fand nur geringe Akzeptanz. Drei Jahre später erschien der KR51/1K (Komfort) mit hydraulisch gedämpften Federbeinen und verlängerter Sitzbank. 1979 hielt die dritte, fahrtwindgekühlte, Motorengeneration auch in der Schwalbe Einzug. Leicht gesteigerte Leistung, 10 Prozent weniger Kraftstoffverbrauch, Mischungsschmierung 1:50 und drei- oder viergängiges Ziehkeilgetriebe waren die wichtigsten Retuschen. KR51/2N hieß dann eine neue Grundvariante mit drei Gängen, während der KR51/2E vier Gänge und langhubige, gedämpften Federbeine hatte. Schließlich war im Topmodell auch eine elektronische Zündanlage erhältlich.

Die anderen Simson-Vögel flogen höchstens halb so lange. Im Sommer 1964 löste der Spatz das SR2E ab und war für die nächsten Jahre das Suhler Einstiegs-Modell zum unverändert gebliebenen Preis. Der Rahmen, eine Kombination aus nahtlosem Rohr und einem aus zwei Schalen bestehenden Sitzträger, bildete auch das Rückgrat der anderen Vogel-Modelle. Ebenso waren Räder, Federbeine, Kettenkapselung und Bremsen dem neuen Baukasten entnommen. Lediglich der alte Sömmerdaer Zweigang-Motor mit Pedalstarter sowie die vordere Radaufhängung stammten noch vom SR2E.

Wenige Wochen nach Produktionsbeginn wurde dem SR4-1P das SR41-K mit Kickstarter zur Seite gestellt und 1968 von ihm – nun mit Simson-eigenem Motor – abgelöst. Eine von 2 auf 2,3 PS gesteigerte Motorleistung ließ trotzdem nur 50 km/h zu, womit der Spatz auch den Zulassungsbestimmungen Westdeutschlands entsprach und dort für 548 DM angeboten wurde.

Kurz nach dem Spatz lief die Produktion des Stars unter den Vögeln an. Und so hieß er dann auch, der 1200 Mark teure SR4-2 mit Vollschwingenfahrwerk, Doppelsitzbank und gefälligem Finish. Wieder hatte man den Baukasten geschickt genutzt: Motor, Elektrik, Fahrwerk, Kotflügel vorn und Lenker stammten vom KR51, Rahmen, Schwinge und Kotflügel hinten vom Spatz. 1968 erhielt er, analog zur Schwalbe, den geänderten Motor, was dem Fahrzeug mehr Laufruhe und die Bezeichnung SR4-2/1 einbrachte.

Die Simson-Werbung legte sich schnell fest: Das Moped für den Herrn, der Kleinroller für die weibliche Kundschaft (SR2 und KR50 von 1958).

Für Motorrad-Einsteiger brachte Simson 1966 das Modell SR4-3 Sperber auf den Markt. Auf dem Star basierend, verfügte dieser Vogel über einen 4,6 PS starken und mit Vierganggetriebe ausgerüsteten Motor, einen 9,3 Liter fassenden Knieschluß-Tank und hydraulisch gedämpfte Federbeine. Doch der Absatz blieb hinter den Erwartungen zurück; Steu-

Alle Vöglein sind schon da: Mit der ab 1964 eingeführten »Vogelserie« (von links: Schwalbe, Star, Sperber) wurde auf die Jugend und die steigende Kaufkraft in der DDR gesetzt.

er- und Versicherungskosten und vor allem der geforderte Motorrad-Führerschein für das 75 km/h schnelle Kleinkraftrad hielten die Kundschaft fern.

Aus der Not eine Tugend machend, ersetzte Simson 1972 den zu starken Motor durch den des Star, übernahm das Vierganggetriebe und auch sonst bis auf die Lackierung fast alles vom Sperber und hatte damit den SR4-4 kreiert. Habicht hieß der Raubvogel, der wieder für steigende Umsätze sorgte. In den fürs Ausland bestimmten Prospekten wurde das Mokick als »Star de luxe« bezeichnet.

1968 wurden die Moped-Produzenten mit dem Suhler Jagdwaffenwerk zum »VEB Fahrzeug- und Jagdwaffenwerk Ernst Thälmann Suhl« vereinigt und zwei Jahre später mit MZ Zschopau und dem Mifa-Fahrradwerk Sangerhausen in das IFA-Kombinat für Zweiradfahrzeuge integriert. Am westlichen Markt orientiert und um neue Kunden zu gewinnen, brachte Simson entgegen staatlicher Empfehlung 1970 das Mofa SL1 heraus. Der unter einem starken Kastenprofil-Rahmen hängende 50-ccm-Motor leistete 1,6 PS und verhalf dem Mofa zu 30 km/h Dauergeschwindigkeit. Eine Fliehkraftkupplung übertrug beim Gasgeben die Motorkraft auf eine Keilriemenscheibe, von dort per Kette zum Hinterrad. Das 695 Mark teure Zweirad mußte aus Kostengründen leider ohne Federung auskommen.

Die gab es ein Jahr später gegen Aufpreis wenigstens am Vorderrad des SL1S. Dennoch ließ sich das Mofa nur schlecht verkaufen; seine Produktion wurde am 31. März 1972 beendet.

Inzwischen lief in Suhl die Vorbereitung für den Serienstart der dritten Kleinkraftrad-Generation. Wäre es nach den Technikern gegangen, hätte sie schon viel früher kommen können, aber es hatten die Investitionsmittel gefehlt. So lief man dem internationalen Standard wieder mal um einige Jahre hinterher. Dabei konnten die Simson-Werker noch zufrieden sein: Als sie zur Herbstmesse 1974 ihre neue S50-Baureihe schließlich präsentieren durften, zeigten die Zwickauer und Eisenacher Automobilbauer zum zehnten Mal die gleichen Autos – und mußten dies auch noch in 15 weiteren Jahren tun.

Die neuen Mokicks hatten mit dem ursprünglichen Moped bis auf einen 50-ccm-Motor nichts gemein. Endgültig hatte sich ein sportlicher Motorrad-Charakter mit Zentralrohrrahmen, elastischer Motoraufhängung, hydraulisch gedämpften Federbeinen hinten und Telegabel vorn durchgesetzt. Der Dreigangmotor, wieder fahrtwindgekühlt, leistete jetzt 3,6 PS. Die Höchstgeschwindigkeit betrug 60 km/h.

1978 vermittelte ein neugestalteter Kraftstofftank dem S50 eine noch gestrecktere, sportlichere Linie. Mit dieser Optik fuhren die Suhler Mokicks nun bis in die letzten Tage der DDR hinein. Antriebsmäßig wurde für den Endspurt aber noch einmal nachgebessert. Der bereits 1979 für die Schwalbe verwendete Motor M531/541 (Drei-/Viergang) hielt Anfang 1980 auch bei den Mokicks Einzug. Geräuschärmer, sparsamer, ein wenig stärker (hervorragendes Drehmoment) und mit guten Abgaswerten präsentierte sich das neue Triebwerk für die Zukunft gerüstet. S51 hieß die neue Mokick-Reihe, die eine bisher nie gekannte Modellvielfalt bot. In die Viergangklasse stieg man mit dem S51B1-4 auf. Vorläufiges Highlight der Reihe war das S51B2-4, das neben Elektronikzündung mit offenen hinteren Federbeinen, zwei großen Rückspiegeln, Faltenbalgabdeckung des Telegabel-Hubbereichs und einem 60-mm-Tacho aufwartete.

Auch bot Simson wieder ein geländetaugliches Kleinkraftrad an. Das S51B2-4 bekam zwei Rahmenunterzüge, verstellbare, hintere Federbeine, Schutzbleche aus Kunststoff, einen hochgezogenen Auspuff sowie einen ebensolchen Lenker – fertig war das S51E. Das ab 1983 lieferbare Topmodell war die S51C (Comfort) mit Brillant-Lackierung (Motor mattschwarz); es besaß unter anderem Drehzahlmesser, Seitenständer und einen klappbaren Kickstarterhebel. Die Enduro- und Comfort-Modelle gab es ab 1983 auch mit aufgebohrtem Motor als S70E und S70C. Eine letzte kleine Änderung der Mokick-Palette gab es zu DDR-Zeiten noch einmal 1989: Die Typen S51/1B, S51/1E, S51/1C und S70/1E erhielten 12 Volt Bordspannung und Halogenbeleuchtung.

Diese Änderungen waren eigentlich für das Nachfolgemodell S52 mit einem völlig neuen Fahrwerk gedacht, zu dessen Produktion es leider nicht mehr kam. Stattdessen frisierte die

Mit dem Mokick ins winterliche Wochenend'... Die Mokick-Reihen S50 und S51 stellten eine für DDR-Verhältnisse ungewöhnlich breite Modellpalette dar.

Die Simson-Geschichte

Simson Fahrzeug GmbH, in die der VEB-Betrieb nach der politischen Wende von der Treuhand umgewandelt worden war, nur die Anbauteile, beließ ansonsten alles beim alten und schickte das S53 im Sommer 1990 gegen D-Mark und die westliche Konkurrenz ins Rennen. Doch im Herbst halfen auch Leichtmetall-Gußfelgen oder Scheibenbremsen nichts mehr: Mit nur 5000 verkauften Mokicks rückte das Ende immer näher. Die Fertigung des Schwalbe-Nachfolgers war schon einige Monate zuvor eingestellt worden.

1986, nach wiederholten Anläufen und 1,06 Millionen produzierten Schwalben, hatte man dieses Suhler Urgestein durch eine Neukonstruktion ersetzt. Sie hatte bewiesen, daß es noch genügend fachliche Kompetenz in der DDR gab, um moderne Kraftfahrzeuge zu entwickeln. Die im Rollerbau damals einmalige Telegabel mit 130 mm Federweg, 12-Zoll-Räder und die üppige Sitzbank waren die markantesten Punkte des »Mokick-Rollers« SR50. Dazu gesellten sich eine Hinterradschwinge mit fünffach verstellbaren Federbeinen, eine Vierleuchten-Blinkanlage, seitliche Kofferträger und ein sichtbarer Kunststofftank unter dem Sitzbankvorderteil. Der Motor blieb der bewährte M531/541; drei oder vier Gänge standen wieder zur Wahl. Ähnlich wie bei den Mokicks waren die Roller-Varianten gegliedert. Es gab die einfache N-Version (mangels Absatz nur ein Jahr lang gebaut), den SR50B3 mit Drei- und den SR50B4 mit Vierganggetriebe, 1987 dann die Comfort-Modelle SR50C und SR50CE (Elektrostarter). Von diesem Jahr an fand auch der auf 70 ccm aufgebohrte Motor im Roller SR80CE Verwendung. Schließlich gab es für die letzten beiden Produktionsjahre des (im Export unter der Bezeichnung »Bunny« angebotenen) Kleinrollers eine 12-Volt-Elektrik, auf die ein /1 in der Typenbezeichnung hinwies. Nach der Wende, zu Beginn des Jahres 1992, nahmen einige Unentwegte die Produktion des Kleinrollers SR50 und des S53-Mokicks in unveränderter Bauweise wieder auf. Die neu-

gegründete Suhler Fahrzeugwerk GmbH setzte auf Solidität und die alte DDR-Kundschaft. Das Fertigungsprogramm blieb zwei Jahre lang unverändert, von minimalen Retuschen der Anbauteile und veränderten Farbgebungen abgesehen. Es gelang dem jungen Unternehmens in diesen Jahren eine Stabilisierung: Der Umsatz stieg von 15 Millionen im Jahre 1992 auf 27 Millionen Mark im Jahre 1994; auch wartete das Simson-Angebot mit ersten Neuerungen auf. Sie betrafen den Roller, den es ab Ende 1994 mit einem Elektromotor sowie mit einem Automatikgetriebe für den Benziner gab.

Bei näherem Hinsehen fand sich noch 1997 viel Altbewährtes wieder. Kunststoff und Farbe machten es möglich. Das galt selbst für den im Design völlig überarbeiteten Kleinroller Star 50 mit gebläsegekühltem Zweitaktmotor, der Getrenntschmierung und einen Abgas-Katalysator aufwies.

Auch andere Vögel aus den Sechzigern begannen wieder zu fliegen: Aus dem nahezu unveränderten S53 wurde der Habicht 50; mit neuen Anbauelementen, Zentralfederbein und Fünfganggetriebe präsentierte sich der Sperber 50 als der Stärkste in seiner Klasse.

Zusammen mit dem alten SR50, jetzt als Star 50 Classic bezeichnet, hatte Simson 1997 ein buntes Programm vorzuweisen, zumal die einzelnen Modelle noch als gedrosselte Fünfundzwanziger (zum Fahren ohne Führerschein) oder als Achtziger mit aufgebohrtem 70-ccm-Motor und in verschiedenen Ausstattungsvarianten angeboten wurden.

Mit Bescheidenheit und überdurchschnittlichem Engagement aller Beteiligten hatte sich Simson auf dem internationalen Markt zurückgemeldet.

Zur Jahresmitte 1955 begann die Serienproduktion des ersten DDR-Mopeds, an der neben Simson auch MZ in Zschopau und Rheinmetall in Sömmerda beteiligt waren. Einer der allerersten Prospekte aus jener Zeit.

für die Arbeit
für den Urlaub
für den Sport
das

DEWAG SUHL · W. GEYER

Simson MOPED aus Suhl

MOPED *Modell* **SR 1**

Um einem lange gehegten Wunsch unserer werktätigen Bevölkerung nach einem leicht zu bedienenden, sparsamen und doch leistungsfähigen Fahrzeug gerecht zu werden, wurde unser **Moped SR 1** entwickelt. Es handelt sich um ein motorisiertes Fahrrad mit Pedalantrieb, das während ausgedehnter Versuchsfahrten, auch in bergigem Gelände, seine Leistungsfähigkeit unter Beweis gestellt hat.

Im Gegensatz zu den Mopeds anderer Länder, bei denen polizeiliche Bestimmungen durch Gewichtsbegrenzungen die Konstruktion ungünstig beeinflussen, standen bei der Entwicklung unseres Mopeds die Sicherheit des Fahrers, die Zuverlässigkeit und die Fahrbequemlichkeit im Vordergrund.

Das Rückgrat des Mopeds ist ein stabiler Rohrrahmen, an dem ein Griff zum bequemen Transport angeschweißt ist.

Der großflächige Fahrersattel bietet eine äußerst bequeme Sitzposition und ist durch ein verschiebbares Gummiteil – dem jeweiligen Fahrergewicht angepaßt – weich abgefedert.

Drei stoßdämpfende Elemente (Bereifung, Vorder- bzw. Hinterradfederung und Sattelfederung) halten die Fahrbahnstöße vom Fahrer fern.

das sind Vorteile..

Sparsame Verwendung von Blech und große Laufräder erinnerten noch sehr an ein Fahrrad, aber damit lag die Suhler Neuschöpfung durchaus im Trend.

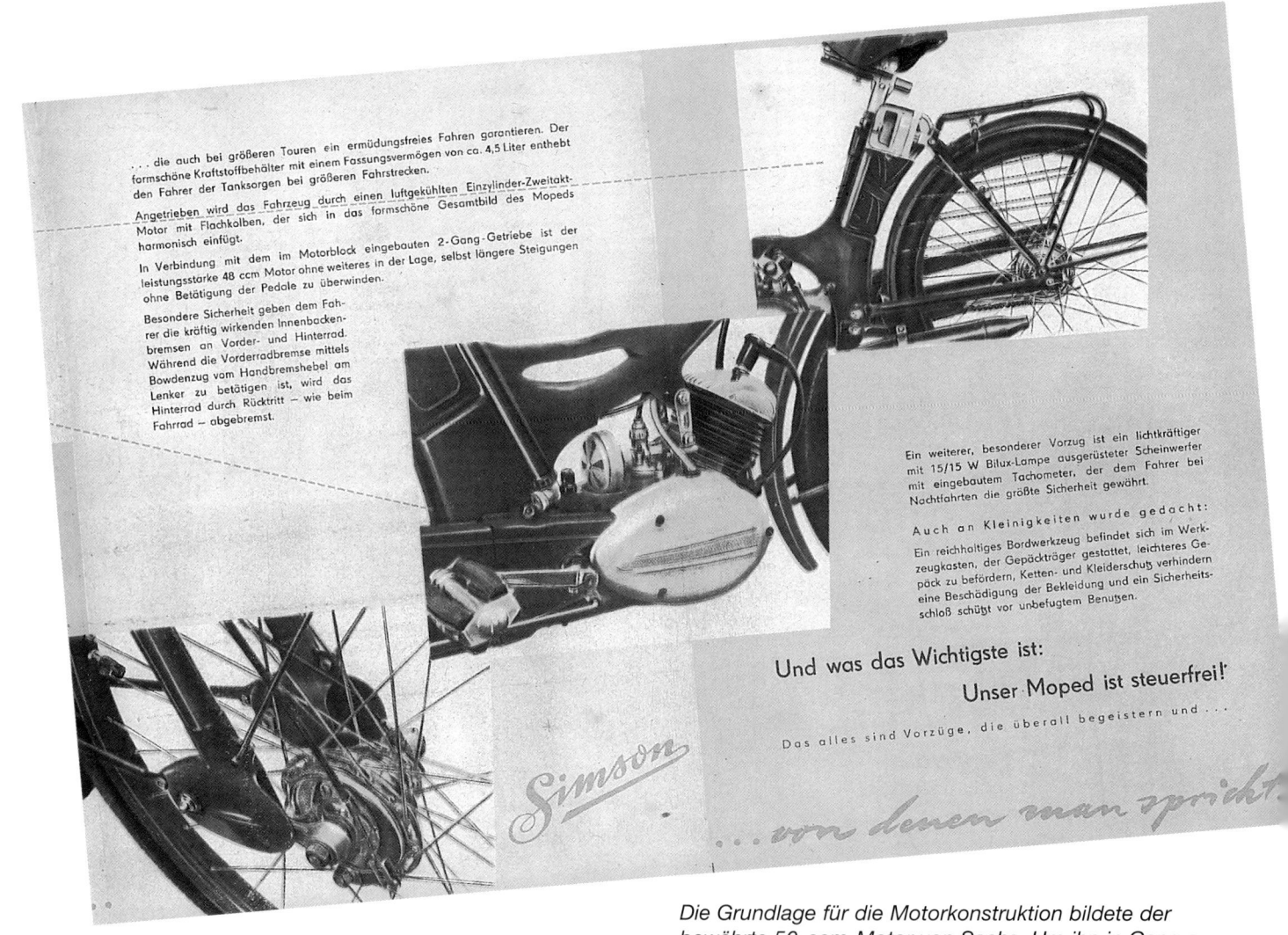

... die auch bei größeren Touren ein ermüdungsfreies Fahren garantieren. Der formschöne Kraftstoffbehälter mit einem Fassungsvermögen von ca. 4,5 Liter enthebt den Fahrer der Tanksorgen bei größeren Fahrstrecken.

Angetrieben wird das Fahrzeug durch einen luftgekühlten Einzylinder-Zweitakt-Motor mit Flachkolben, der sich in das formschöne Gesamtbild des Mopeds harmonisch einfügt.

In Verbindung mit dem im Motorblock eingebauten 2-Gang-Getriebe ist der leistungsstarke 48 ccm Motor ohne weiteres in der Lage, selbst längere Steigungen ohne Betätigung der Pedale zu überwinden.

Besondere Sicherheit geben dem Fahrer die kräftig wirkenden Innenbacken-bremsen an Vorder- und Hinterrad. Während die Vorderradbremse mittels Bowdenzug vom Handbremshebel am Lenker zu betätigen ist, wird das Hinterrad durch Rücktritt – wie beim Fahrrad – abgebremst.

Ein weiterer, besonderer Vorzug ist ein lichtkräftiger mit 15/15 W Bilux-Lampe ausgerüsteter Scheinwerfer mit eingebautem Tachometer, der dem Fahrer bei Nachtfahrten die größte Sicherheit gewährt.

Auch an Kleinigkeiten wurde gedacht:
Ein reichhaltiges Bordwerkzeug befindet sich im Werkzeugkasten, der Gepäckträger gestattet, leichteres Gepäck zu befördern, Ketten- und Kleiderschutz verhindern eine Beschädigung der Bekleidung und ein Sicherheitsschloß schützt vor unbefugtem Benutzen.

Und was das Wichtigste ist:

Unser Moped ist steuerfrei!

Das alles sind Vorzüge, die überall begeistern und ...

Simson

... von denen man spricht.

Die Grundlage für die Motorkonstruktion bildete der bewährte 50-ccm-Motor von Sachs. Um ihn in Gang zu setzen, mußte man bei eingelegtem ersten Gang ein Stück radfahren und dann einkuppeln.

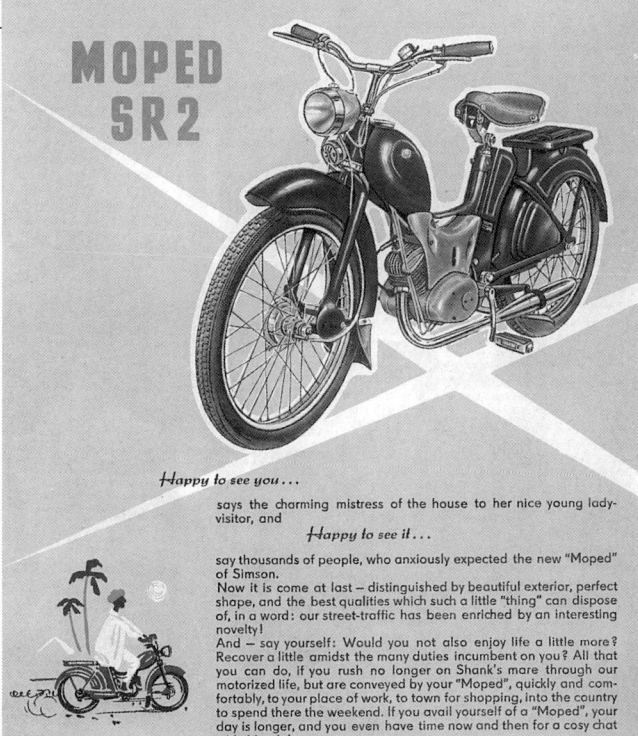

MOPED SR2

Happy to see you...

says the charming mistress of the house to her nice young lady-visitor, and

Happy to see it...

say thousands of people, who anxiously expected the new "Moped" of Simson.

Now it is come at last – distinguished by beautiful exterior, perfect shape, and the best qualities which such a little "thing" can dispose of, in a word: our street-traffic has been enriched by an interesting novelty!

And – say yourself: Would you not also enjoy life a little more? Recover a little amidst the many duties incumbent on you? All that you can do, if you rush no longer on Shank's mare through our motorized life, but are conveyed by your "Moped", quickly and comfortably, to your place of work, to town for shopping, into the country to spend there the weekend. If you avail yourself of a "Moped", your day is longer, and you even have time now and then for a cosy chat with friends!

And now look please at the picture showing the above-mentioned two ladies seated under a sunshade who are having a talk on the new "Moped" standing close by them. And what particularities are spoken of by them, is shown for you in the accompanying illustration.

Herzlich willkommen...

VEB FAHRZEUG- UND GERÄTEWERK SIMSON SUHL

Mit dem Typ SR2 entsprach Suhl der Forderung nach verbessertem Schutz und einer tieferen Sitzposition. Die Produktionskurve stieg steil nach oben, und der Exportanteil betrug bald ein Drittel der Fertigung.

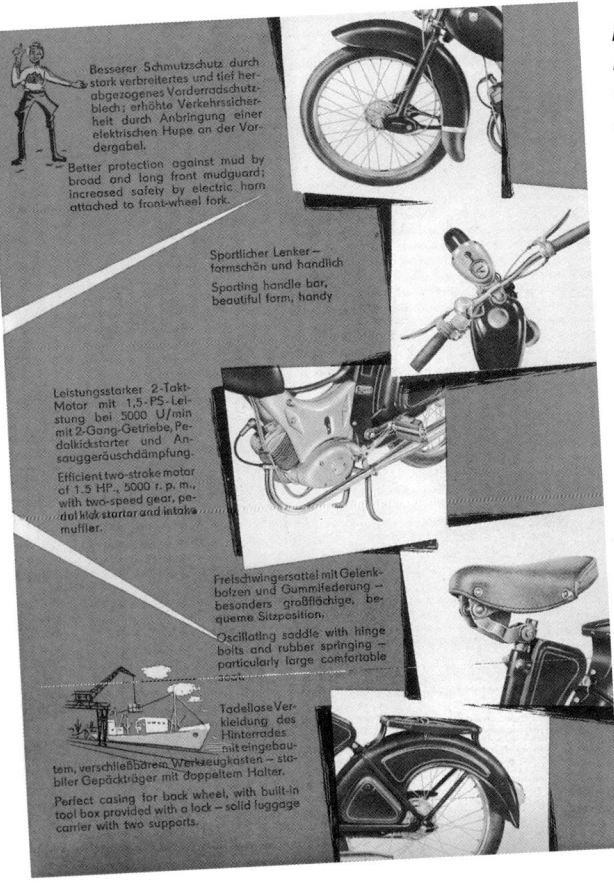

Besserer Schmutzschutz durch stark verbreitertes und tief herabgezogenes Vorderradschutzblech; erhöhte Verkehrssicherheit durch Anbringung einer elektrischen Hupe an der Vordergabel.
Better protection against mud by broad and long front mudguard; increased safety by electric horn attached to front-wheel fork.

Sportlicher Lenker – formschön und handlich
Sporting handle bar, beautiful form, handy

Leistungsstarker 2-Takt-Motor mit 1,5-PS-Leistung bei 5000 U/min mit 2-Gang-Getriebe, Pedalkickstarter und Ansauggeräuschdämpfung.
Efficient two-stroke motor of 1.5 HP., 5000 r.p.m., with two-speed gear, pedal kick starter and intake muffler.

Freischwingersattel mit Gelenkbolzen und Gummifederung – besonders großflächige, bequeme Sitzposition.
Oscillating saddle with hinge bolts and rubber springing – particularly large comfortable seat.

Tadellose Verkleidung des Hinterrades mit eingebautem, verschließbarem Werkzeugkasten – stabiler Gepäckträger mit doppeltem Halter.
Perfect casing for back wheel, with built-in tool box provided with a lock – solid luggage carrier with two supports.

Der in seiner Leistung unveränderte Motor konnte jetzt mittels Pedale im Stand angeworfen werden. Von Anfang an hielten sich die Suhler übrigens nicht an westliche Zulassungsvorschriften. Das elektrische Signalhorn des SR2 zum Beispiel war westlich der Elbe zu dieser Zeit durchaus nicht standardgemäß. Dieser Prospekt war zweisprachig deutsch/englisch gehalten.

2,2 PS 45 km/h 2,5 LITER/100 km

KR 50

Der Kleinroller KR50 mit seinen 2,1 PS (mit 2,2 PS übertrieb die Werbung ein wenig) und dem Kickstarter war ein Novum im Zweiradbau. Der Roller geriet vor allem wegen seinem guten Schmutz- und Wetterschutz schnell zum Verkaufsschlager.

Das Simson-Programm von 1958. Nachdem die Fahrradproduktion im Jahr zuvor zugunsten der Fünfziger eingestellt worden war, mußte drei Jahre später auch das einzige Viertakt-Motorrad der DDR den Mopeds und Klein-rollern weichen.

Auf die Leistung kommt es an

3 Spitzenerzeugnisse aus Suhl

Motorrad Simson Sport

Einzylinder-Viertakt-Motor luftgekühlt

Hubraum: 247 ccm, 14 PS bei 6300 U/min

Viergang-Zahnradgetriebe mit Fußschaltung und

elektrischer Leerlaufanzeige, Kardanantrieb

Kraftstoffnormverbrauch: 3,7 l/100 km

Höchstgeschwindigkeit: 110 km/h

Kleinroller „KR 50"

Einzylinder-Zweitakt-Motor, Kickstarter, luftgekühlt

Hubraum: 47,6 ccm, 2,1 PS bei 5500 U/min

Zweiganggetriebe im Motorblock,

Drehgriffschaltung

Kraftstoffnormverbrauch: 2,5 l/100 km

Höchstgeschwindigkeit: 50 km/h

Simson-Moped „SR 2"

Einzylinder-Zweitakt-Motor mit Pedalkickstarter,

luftgekühlt

Hubraum: 47,6 ccm, 1,5 PS bei 5000 U/min

Zweiganggetriebe im Motorblock,

Drehgriffschaltung

Kraftstoffnormverbrauch: 1,8 l/100 km

Höchstgeschwindigkeit: 45 km/h

VEB FAHRZEUG- UND GERÄTEWERK SIMSON SUHL, SUHL/THÜRINGEN

KR50 1958–1964

Die üppige Verkleidung des KR50 war ein echter »Blechfresser« und Hauptursache dafür, daß die Roller-Nachfrage in der (an chronischem Karosserieblech-Mangel leidenden) DDR nie befriedigt werden konnte.

Motor und Karosserie wurden von einem Doppelrohrrahmen getragen. Die den kleineren 20-Zoll-Rädern angepaßte Vorderrad-Aufhängung und der Lenker mit seinen Anbauteilen stellten die einzigen vom Moped übernommenen Bauteile dar.

Ihr treuer Begleiter in allen Zeiten: Der SIMSON-Kleinroller KR 50 ist in der Tat all denen ein treuer Begleiter, die auf ein schmutzgeschütztes Fahrzeug für berufliche und private Zwecke zurückgreifen. Seine Konstruktion mit dem leistungsgesteigerten 50 cm-Zweitaktmotor, dem modernen Doppelschwingen-Fahrwerk und der stilvollen Verkleidung gehört zu dem Besten, was die Kraftfahrzeugindustrie heute zu bieten vermag.
Es stimmt schon:
Der Kluge fährt Simson!

SIMSON-KLEINROLLER KR 50

SIMSON-KLEINROLLER KR 50

TECHNISCHE DATEN KLEINROLLER KR 50

Typ	Simson Kleinroller KR 50
Motor	Luftgekühlter Einzylinder-Zweitakt-Motor mit Flachkolben Typ KRo Rh 50 mit Kickstarter
Zylinderbohrung	38 mm
Kolbenhub	42 mm
Hubraum	47,6 ccm
Verdichtung	7,5 : 1
Leistung	2,1 PS bei 5500 U/min
Schmierung	Mischungsschmierung
Elektrische Anlage	Schwunglichtmagnetzünder 15/18 W mit Lichtspule 6 V — 18 W Signalhorn mit Trockenbatterie
Vergaser	BVF-Zentralschwimmervergaser
Luftfilter	Naßluftfilter mit Ansauggeräuschdämpfung
Kraftstoff	Benzin-Ölmischung 25 : 1
Kraftstoffbehälter	Inhalt 6,3 l, davon etwa 0,8 l Reserve
Kraftstoffverbrauch	etwa 2,5 l/100 km
Kupplung	Dreischeiben-Ölbadkupplung
Schalldämpfer	zerlegbar
Getriebe	Zweiganggetriebe im Motorblock. Drehgriffschaltung
Fahrgestell	Verwindungssteifer Doppelrohrrahmen
Bereifung	2,50 — 16
Federung	Vorderrad: Wartungsfreie Kurzschwinge mit Schraubenfedern Hinterrad: Schwinge mit Schraubenfedern
Sitz	Einzelsitz mit Schaumgummipolsterung
Bremsen	Leichtmetall-Vollnabenbremse mit eingegossenem Stahlring, Trommeldurchmesser 90 mm
Eigengewicht	etwa 70 kg
Höchstgeschwindigkeit	etwa 50 km/h

Konstruktionsänderungen vorbehalten

Eine auf Schraubenfedern abgestützte Kurzschwinge ersetzte 1959 die bis dahin gebräuchlichen, vom SR 2 stammenden Schwinghebel. Ein neues Gleichstrom-Signalhorn sorgte für moderatere Töne.

Die Simson-Kleinroller hatten angeblich einen »weiblichen« Charakter, der durch Werbeaufnahmen mit hübschen Damen verstärkt werden sollte. Dennoch war die Käuferschaft eher gemischt. Titelblatt der Zeitschrift »Der Deutsche Straßenverkehr« vom April 1960.

1962 erschien der KR50 mit neuen, reibungsgedämpften Federbeinen, die in den folgenden Jahren für die meisten Suhler Fahrzeuge kennzeichnend waren. Äußerlich ließ sich die letzte Überarbeitung des ersten Kleinrollers am geraden Blechpreßlenker erkennen.

SIMSON-MOPED SR 2 E-
das Kleinkraftrad aus einem Guß

SIE WISSEN WARUM

Ursprünglich nur für den Export vorgesehen, rollten im Dezember 1959 die ersten SR2-Nachfolger von den Hängebändern. Der Beinschutz war übrigens für die Modelle SR2 und SR2E als Zubehör erhältlich.

Gegenüber dem Modell SR2 hatten sich an dessen Nachfolger zunächst nur die Radführungen geändert, Kleinigkeiten ausgenommen. Gut erkennbar ist die auf Schrauben abgestützte, um den Kotflügel herumlaufende vordere Kurzschwinge. Auch der Heckaufbau hing jetzt an einer Schraubenfeder.

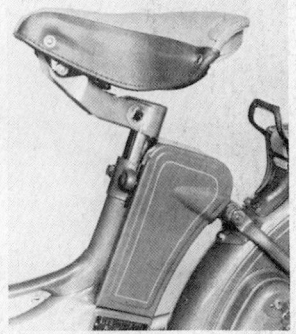

Der weiche, breite und modern bezogene Schwingsattel macht das Fahren zu einer Freude. Der Gepäckträger ist mit einer als Aufstellgriff ausgebildeten Gepäckstütze und einem praktischen Gummispannband ausgerüstet.

Die Vordergabel in Schweißkonstruktion ist leicht und elastisch. Der Radfederweg gewährleistet gute Federungseigenschaften.

Die Leistung des sparsamen 47,6-cm³-Motors beträgt 1,8 PS. Dadurch wird ein guter Durchzug, eine schnellere Beschleunigung und vor allem eine gründlichere Kraftstoffausnutzung erreicht.

Der erprobte luftgekühlte Einzylinder-Zweitakt-Flachkolben-Motor mit einem Hubraum von 47,6 cm³ gibt 1,8 PS ab. Die Motorleistung wirkt sich in einem besseren Durchzug, einer besseren Beschleunigung und in einer gründlicheren Kraftstoffausnutzung aus. Infolge der großen Elastizität des Motors braucht der Mopedfahrer weniger zu schalten, was eine große Annehmlichkeit im dichten Verkehr ist. Sehr wichtig ist, daß trotz der Leistungserhöhung die Drehzahlgrenze von 5000 U/min nicht überschritten wurde, denn die niedrig gehaltene Motordrehzahl bedeutet bei diesen kleinen Einheiten sehr niedrige Kolbengeschwindigkeiten und bürgt daher für eine hohe Lebensdauer ohne Reparaturen.

SR2E 1959–1964

SIMSON-MOPED SR 2E

Die Verwendungsmöglichkeiten dieses motorisierten Kleinfahrzeuges sind weit gesteckt. Ob die Fahrt früh am Morgen in das Büro oder in den Betrieb geht, oder am Nachmittag zum Feierabend hinaus in die schöne Natur – immer ist man mit dem Moped frei und ungebunden.

Kein Wunder, daß das Simson-Moped bereits jetzt schon einen Freundeskreis besitzt, der in die hunderttausende geht. Schließen Sie sich an, und sehr bald werden auch Sie die Feststellung treffen:

Mit einem Simson-Moped ist man der Zeit voraus!

Neue elastische und leichtere Vordergabel in Schweißkonstruktion mit gleichzeitiger Vergrößerung des Radfederweges auf 72 mm.

Die Leistung des sparsamen 47,6-cm³-Motors wurde auf 1,8 PS erhöht. Der bewährte, robuste Motor ist äußerst anspruchslos hinsichtlich Wartung und Pflege.

Großer, bequemer Schwingsattel mit neuem Sattelgestell. Der stabile Gepäckträger besitzt jetzt eine als Aufstellgriff ausgebildete Gepäckstütze und ein praktisches Gummispannband zur sicheren Haltung des Gepäcks.

Eine leichte Überarbeitung erfuhr das Modell SR2E 1962 wiederum an der Vorderradaufhängung. Die Motorleistung hatte sich auf 1,8 PS erhöht.

Der letzte Verkaufsprospekt für die Mopeds der ersten Generation erschien 1964. Doch ließ sich das längst überholte Modell – trotz frischer Farben und der Möglichkeit des Kaufs auf Raten – jetzt kaum noch absetzen.

GS 50 1963

23 Goldmedaillen

und eine Silbermedaille sowie Klassen-, Mannschafts- und Tagessiege konnten bereits die ersten SIMSON-GS-50-Versuchsmaschinen erringen. Das Gelände-moped SIMSON GS 50 ist ein Testfahrzeug für alle Funktionselemente, die als Verbesserungen für unsere künftigen Mopedmodelle in Entwicklung sind. Bekanntlich stellt der Geländesport die härtesten Anforderungen an ein Fahrzeug und ist somit der beste Prüfstein für die Bewährung eines Fahrzeugs oder seiner Aggregate im normalen Fahrbetrieb. Insbesondere kommt es uns auf die gründliche Erprobung des Rahmens, der Federung und der Naben an. Der Motor der SIMSON GS 50 leistet bei einer Verdichtung von 10,5 5,5 PS bei 8000 U/min. Das Getriebe hat 3 Gänge und Vorgelege. Fußschaltung für Getriebe, Lenkerschaltung für Vorgelege. Vorder- und Hinterrad haben Schwingen mit ölgedämpften Federbeinen. Die Bodenfreiheit beträgt 240 mm und das ganze Fahrzeug hat betriebsfertig mit Werkzeug und Kraftstoff eine Masse von 76 kg.

SIMSON-GELÄNDEMASCHINE
GS 50

VEB FAHRZEUG- UND GERÄTEWERK SIMSON · SUHL (THÜRINGEN)

Nach ersten internationalen Auftritten im Jahr 1962 legte Simson ein Jahr später eine Kleinserie Geländemaschinen unter der Bezeichnung GS 50 auf. Die Fahrzeuge zeigten bereits Merkmale kommender Mokick-Generationen. Die Werbung mit diesem Fahrzeug sollte der Imagepflege dienen, denn frei verkäuflich waren die Maschinen nicht.

Den Gewinn der Silbervase in den Klassen 50 und 75 ccm bei den Six Days 1964 im eigenen Lande stellte Simson in der Werbung groß heraus.

SIX DAYS 1964 · SILBERVASE
FÜR SIMSON SUHL
SIX DAYS

SIMSON SILBERVASE

Im Wettbewerb mit 18 Mannschaften aus 14 Nationen bei der Internationalen Sechstagefahrt gewinnt Simson die Silbervase. Mit diesem Triumph bestätigt Simson erneut seinen Ruf als Hersteller von Spitzenprodukten der populärsten Motorzweiradkategorie.

VEB FAHRZEUG-UND GERÄTEWERK SIMSON SUHL

**Neuer Kleinroller
SIMSON-Schwalbe**
3-Ganggetriebe, 3,4 PS
Doppelsitzbank

*Der Schwalbe genannte KR51 war
Anfang 1964 nicht nur das erste
Modell der berühmten »Vogelserie« mit einem bei Simson
gebautem Motor, sondern auch
das erste Suhler 50-ccm-Kraftrad,
das eine Doppelsitzbank besaß.
Mit dem zwangsgekühlten 3,4-PS-
Motor schaffte das Modell KR51
gut 60 km/h.*

Modische Eleganz und Blickrichtung gen Westen: Entwurf für den ersten Schwalbe-Verkaufsprospekt, der in ähnlicher Form auch realisiert wurde.

simson kleinroller

TYP KR 51

Schwalbe

Alles auf einen Blick!
Qualität,
Komfort,
Chic!

Leistung,
Platz und Freude
für zwei

Überzeugend
in jedem Detail!

Das Röntgenbild läßt gut erkennen, wie es unter dem Blechkleid der Schwalbe aussieht. Am geschwungenen Doppelrohrrahmen hängen Motor und Vollschwingen-Fahrwerk. Die drei Getriebegänge mußten noch mittels Drehgriff am Lenkrad geschaltet werden.

KR51 Schwalbe 1964–1986

Was die Werbung 1964 noch sug-
geriert hatte, wurde bald Realität:
Die Schwalbe war aus dem Alltag
der DDR nicht mehr wegzudenken.
Seine Beliebtheit bescherte dem
Kleinroller Lieferfristen von bis zu
vier Jahren.

Verkaufsprospekt von 1965.
Politische Entscheidungen und
nicht etwa Unfähigkeit der Konstrukteure waren dafür verantwortlich, daß die Schwalbe mehr
als 20 Jahre lang in ihrem
Grundkonzept unverändert
gebaut wurde.

Simson Kleinroller „Schwalbe" Typ KR 51

Technische Daten

Motor: Gebläsegekühlter Einzylinder-Zweitakt-Motor
Hubraum: 49,8 cm³
Leistung: 3,4 PS bei 6500 U/min
Kupplung: Vierscheiben-Lamellen-Kupplung in Ölbad
Getriebe: 3-Ganggetriebe im Motorblock, Drehgriffschaltung
Elektrische Anlage:
Schwunglichtmagnetzünder 6 V, 33 W
Zündkerze MS 14-280
Bleisammler 6 V, 4,5 Ah
Scheinwerfer 15/15 W, 136 mm ⌀
2 Lenkerblinkleuchten je 18 W
Bremslicht 18 W
Rücklicht 5 W
Parklicht 2 W
Signalhorn 6 V
Rahmen: Doppelrohrrahmen
Federung:
Vorderrad: Langschwinge mit reibungsgedämpften Federbeinen, 105 mm Federweg
Hinterrad: Schwinge mit reibungsgedämpften Federbeinen, 85 mm Federweg
Kraftstoffbehälter:
Inhalt 6,8 l, Mischung 1 : 33
Bereifung: 20 × 2,75
Bremsen: Vollnabenbremsen 125 mm ⌀, 25 mm Belagbreite
Leermasse: 79 kg (vollgetankt)
Zulässige Gesamtmasse: 230 kg
Kraftstoffverbrauch nach DIN 70030: 2,7 l/100 km
Höchstgeschwindigkeit: 60 km/h

Konstruktionsänderungen vorbehalten!

Schönheit und Leistung im neuen Stil

Für die große Urlaubsreise, die kleine Wochenendfahrt oder für den Alltagsgebrauch – immer ist der neue, doppelsitzige Kleinroller – Simson „Schwalbe" für Sie startbereit. Der kraftvolle Motor, die gute Straßenlage und die leichte Handhabung dieses Typs lassen jede Fahrt zu einem Genuß werden. Auch ihre Begleiterin wird bald die Vorzüge des Kleinrollers zu schätzen wissen, denn gerade Frauen haben einen Blick für elegante Linienführung und luxuriöse Ausstattung. Deshalb ist der Kleinroller Simson „Schwalbe" auch das geeignete Damen-Zweiradfahrzeug. Der hervorragende Schmutzschutz für Fahrer und Beifahrer sowie die leichte Sauberhaltung des Fahrzeuges sind ebenfalls wesentliche Vorteile.
Und das Wichtigste: Mit wenig Kraftstoff fahren Sie mit dem Kleinroller Simson „Schwalbe" eine lange Strecke und erleben viel Freude. Wo Sie mit Ihrem Simson-Kleinroller auch hinkommen, überall findet er ungeteilten Beifall und wird zu einem freudespendenden Fahrzeug, das Schönheit mit Zweckmäßigkeit vereint.

Simson Kleinfahrzeuge – Maschinen unserer Zeit !

Modernste Formgebung zeigt die neue Vorderradansicht mit großem Scheinwerfer, 136 mm Lichtaustritt. Blinkleuchten, Lichthupe und Parkleuchte gehören zur Ausstattung.

Die vibrationsfreie Aufhängung des 3,4 PS Hochleistungsmotors mit 3-Ganggetriebe gewährleistet größte Laufruhe in allen Drehzahlbereichen.

Hoher Fahrkomfort durch Vollschwingenfahrwerk mit reibungsgedämpften Federbeinen. Die Antriebskette ist staubdicht gekapselt.

VEB Fahrzeug- und Gerätewerk Simson Suhl

Exporteur:

TRANSPORTMASCHINEN EXPORT-IMPORT
DEUTSCHER INNEN- UND AUSSENHANDEL · 108 BERLIN/DDR

Entwurf: Dewagwerbung Dresden
V/4/59-100 S 447/65

SIMSON KLEINROLLER
Schwalbe

3,6 PS bei 5750 U/min **60 km/h**

Der überarbeitete Motor M53/1 sorgte ab 1968 für etwas mehr Leistung. Jetzt trug die Schwalbe die Bezeichnung KR51/1.

Chic mit bewährten Attributen

Monika E. in L.: „Als Studentin der Kunstgeschichte habe ich nicht nur täglich viele Kilometer auf überfüllten Großstadtstraßen zur Universität zurückzulegen, auch bei Exkursionen sind oft Überlandfahrten durchzuführen. Mühelos meistere ich mit meinem Suhler Kleinroller alle Verkehrssituationen. Erfrischend sind nach Stunden und Tagen des Studiums die Fahrten auf Landstraßen und Autobahnen. Kein anderes Zweiradfahrzeug ist so für die Frauen geeignet wie der Simson-Kleinroller. Hinzu kommt, daß die Handhabung und technische Betreuung denkbar einfach ist. Aus all diesen Gründen bin ich verliebt in meine „Schwalbe" und werde ihr lange die Treue halten."

Verständlich, denn eine Schwalbe hat immer etwas Liebenswertes an sich. Die „Schwalbe" von Simson besonders.

Die Fahrzeugbauer und PS-Züchter in Suhl sorgen auch dafür, daß die „Schwalbe" immer recht munter bleibt. Das Modell KR 51/1 verfügt über einen neuen Zylinder, veränderten Vergaser und eine neue Ansauganlage.

TYP KR 51/1

Sommerliche Idylle am See... Geschaltet wurde inzwischen mit dem linken Fuß; der Schalthebel saß auf der Kickstarterwelle.

1971 glaubte man bei Simson, mit dem KR51/1S sei ein großer Wurf gelungen. Aber die Schwalbe mit automatischer Anfahr- und Schaltkupplung, am fehlenden Kupplungshebel und der oliv- grünen Lackierung erkennbar, wurde trotz einiger aufwertender Details nicht zum Renner. 1980 endete die Automatik-Ära.

KR51 Schwalbe 1964–1986

SIMSON

Schwalbe **K**

50 ccm Kleinroller

NEU! Pastellweiße Lackierung

NEU! Verlängerte Sitzbank 625 mm

NEU! Öldruckstoßdämpfer 100 mm Federweg

NEU! Öldruckstoßdämpfer 85 mm Federweg

0-328-1974 III-21-3 472267

»K« stand ab 1974 für »Komfort«. Unter dem weiß lackierten Blech steckten vorn und hinten erstmals hydraulische Stoßdämpfer mit verlängerten Federwegen.

Die wichtigsten technischen Daten:

Motorleistung	3,6 PS
Kupplung	4-Scheiben-Ölbadkupplung, handbetätigt
Getriebe	3 Gänge, fußgeschaltet
Elektrische Anlage	15/15 W Hauptlicht, 5 W Rücklicht, 2 Lenkerblinkleuchten 18 W, 18 W Stopplicht Batterie 6 V, 4,5 Ah
Sitzplätze	2; Sitzbanklänge 625 mm
Leermasse	80 kg
Höchstgeschwindigkeit	60 km/h

Hinterrad: Langschwinge mit hydraulisch gedämpften Federbeinen; 85 mm Federweg

Vorderrad: Langschwinge mit hydraulisch gedämpften Federbeinen; 100 mm Federweg

Konstruktionsänderungen vorbehalten!

Im Soziusbetrieb machte sich die verlängerte Sitzbank wohltuend bemerkbar. Trotz seines höheren Preises verkaufte sich das K-Modell fast so gut wie die Standard-Schwalbe.

SIMSON Kleinroller **KR 51/2** Typenreihe

Formschön, zweckgebunden, variantenreich.

IFA mobile·DDR

Mit der Einführung der – wieder fahrtwind-gekühlten – Motorenreihe M531/541 stellte Simson 1979 die Typenreihe KR51/2 vor. Der nach rechts verlegte Auspuff ließ sofort das neue Modell erkennen. Auch der runde Rück-spiegel und ein neues Rücklicht fielen auf.

Von den drei angebotenen Ausstattungsvarianten war die »E-Klasse« am meisten gefragt.

Phänomen Schwalbe: Obwohl sie inzwischen zum Urgestein ostdeutschen Kraftfahrzeugbaus gehörte, verlangte die Kundschaft zu Beginn der achtziger Jahre keineswegs so vehement nach einem Nachfolger, wie es bei den Personenwagen der Fall war.

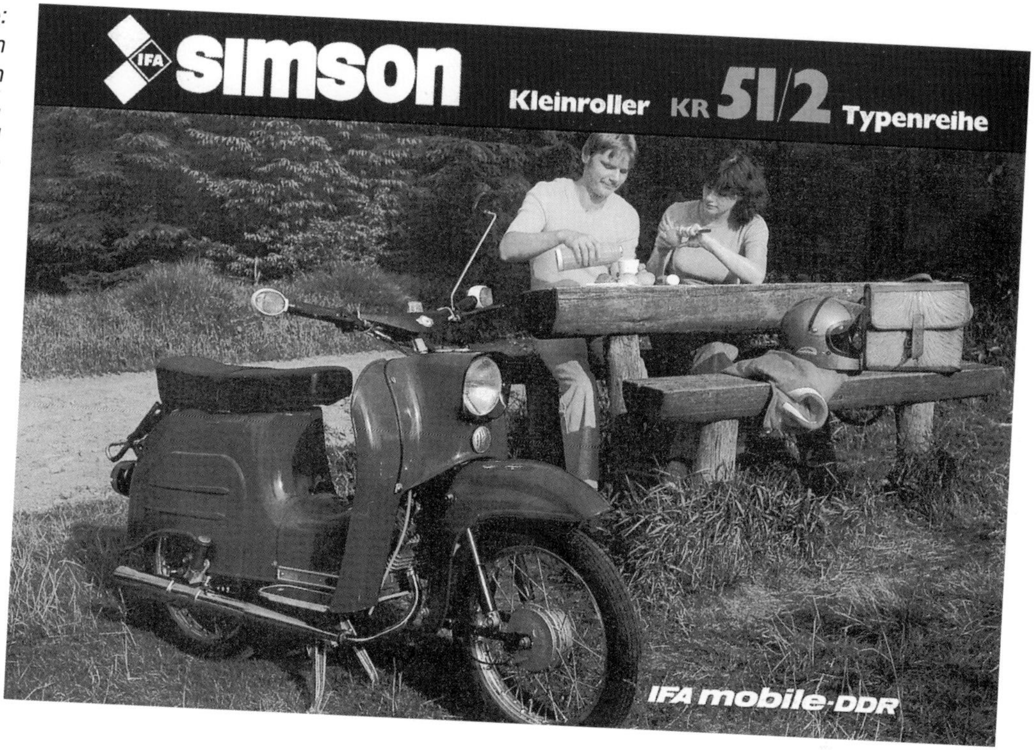
simson
IFA
Kleinroller KR 51/2 Typenreihe
IFA mobile-DDR

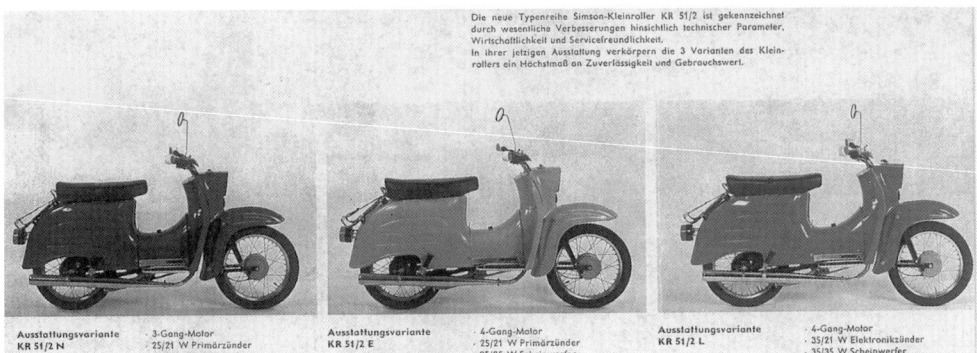

Die neue Typenreihe Simson-Kleinroller KR 51/2 ist gekennzeichnet durch wesentliche Verbesserungen hinsichtlich technischer Parameter, Wirtschaftlichkeit und Servicefreundlichkeit.
In ihrer jetzigen Ausstattung verkörpern die 3 Varianten des Kleinrollers ein Höchstmaß an Zuverlässigkeit und Gebrauchswert.
Ausstattungsvariante KR 51/2 N
· 3-Gang-Motor
· 25/21 W Primärzünder
· 25/25 W Scheinwerfer
· reibungsgedämpfte Federbeine
Ausstattungsvariante KR 51/2 E
· 4-Gang-Motor
· 25/21 W Primärzünder
· 25/25 W Scheinwerfer
· hydraulisch gedämpfte Federbeine
Ausstattungsvariante KR 51/2 L
· 4-Gang-Motor
· 35/21 W Elektronikzünder
· 35/35 W Scheinwerfer
· hydraulisch gedämpfte Federbeine

Diese Angebotspalette bestand für die Schwalbe bis zum Ende ihrer Tage. Übrigens war ein kräftiges Blau 22 Jahre lang »die« Schwalbe-Lackierung schlechthin – für den richtigen Schwalbe-Fan kam eine andere Farbe nicht in Frage.

KR51 Schwalbe 1964–1986

SIMSON
Kleinroller
Schwalbe
KR 51/1 · 1S · 1K

IFA mobile · DDR

nehm weich ansprechenden, hydraulisch gedämpften Federbeinen abgestützt werden. Die Sitzbank ist fünf Zentimeter länger. Neben diesen Komfortverbesserungen bietet die Sonderausführung, die „Schwalbe S", eine technische Raffinesse, die die Bedienung erleichtert, eine automatische Kupplung. Der Kupplungshandhebel am linken Lenkerende ist weggefallen. Der Fahrer braucht nur noch die Gänge zu schalten und Gas zu geben.

Bei der „Schwalbe S" sorgt im Scheinwerfer anstelle der bei Mokicks üblichen 15/15-W-Biluxlampe eine Glühlampe mit 25/25 W für vorbildliche Fahrbahnausleuchtung.

Äußerlich unterscheiden sich die drei Ausführungsvarianten des Simson-Kleinrollers im Prinzip nur durch verschiedene Lackierungen. Die komfortablere „Schwalbe K" empfiehlt sich im pastellweißen Lack.

Was der Kleinwagen unter den Autos, ist die „Schwalbe" unter den Motorrollern. Den Simson-Kleinroller kennzeichnen alle Vorzüge eines Mokicks, er bietet aber gleichzeitig vollkommenen Schmutzschutz.

Das große Interesse, das der „Schwalbe" seit vielen Jahren entgegengebracht wird, veranlaßte seine Konstrukteure, neben der Standardausführung eine „Schwalbe S" und „Schwalbe K" auf die Räder zu stellen, die sich durch einige technische Besonderheiten und in Ausstattungsdetails unterscheiden.

Die neue „Schwalbe K" bietet größeren Fahrkomfort, weil ihre Vorder- und Hinterradschwinge mit ange-

Die Sonderausführung „S" präsentiert sich nach wie vor in der nun schon traditionellen olivbeigen Lackierung. Die technischen Daten auf der gegenüberliegenden Seite beweisen, daß alle „Schwalben" sozusagen aus einem Guß sind. Der Doppelrohrrahmen erlaubt den freien Durchstieg zwischen Lenker und Sitzbank, den vor allem Fahrerinnen schätzen.

Diese Rahmenkonstruktion garantiert aber auch, daß sich das gesamte Fahrwerk als außerordentlich verwindungsfest und robust erweist, wenn der „Schwalbe" schlechte Straßen und Wege zugemutet werden. Ob die Fahrbahn naß oder staubig ist, ob die Räder durch

Wie der Trabi wurde die Schwalbe inzwischen zum Kultfahrzeug »made in DDR«.

2,5 MILLIONEN
SIMSON-MOTORZWEIRÄDER

Es hieße Simson-Kleinkrafträder nach Suhl fahren, wollte man Zweiradinteressenten lang und breit erläutern, was sich hinter dem Begriff Simson verbirgt. In vielen Ländern der Erde, beispielsweise in der Ungarischen Volksrepublik, in Syrien, Algerien, Mali, Guinea, Marokko usw., sind die Simson-Kleinkrafträder aus dem VEB Fahrzeug- und Jagdwaffenwerk Ernst Thälmann Suhl heute bestens bekannt und nach wie vor begehrt. Formschönheit, Zuverlässigkeit und Leistungsfähigkeit dieser kleinen 50 cm³-Zweiräder, von denen bisher 2,5 Millionen die Montagebänder des sozialistischen Großbetriebes verließen, sind das Ergebnis schöpferischen Fleißes der Fahrzeugbauer aus Suhl.

Wer heute Kleinkrafträder baut und sie auch exportieren will, der muß unumstrittene Qualitätsarbeit auf die Räder stellen, denn der internationale Wettbewerb, gerade auf diesem Fahrzeugsektor, ist fast unübersehbar groß. Vor 25 Jahren, im Gründungsjahr der Deutschen Demokratischen Republik, existierte das erste Simson-Motorrad der Nachkriegsproduktion, eine 250-cm³-Einzylinder-Viertaktmaschine, erst auf den Reißbrettern eines kleinen Konstruktionskollektivs. Mit Unterstützung der sowjetischen Direktion des damaligen SAG-Betriebes lief im Juni 1950 die Serienfertigung der „AWO 425" an, der wenige Jahre später die bekannte „Simson Sport" folgte, ehe in dem inzwischen volkseigenen Werk Kurs auf die Großserienproduktion von Mopeds genommen wurde, für die sich im In- wie Ausland ein außerordentlich großes Interesse entwickelte.

Mit beispielhaftem Elan und unter Einsatz ihres großen fachlichen Könnens gingen die Werktätigen optimistisch an diese neue Aufgabe heran, obwohl der damals zur Verfügung stehende bescheidene Maschinenpark noch fachmännische Finessen abforderte.

Alle Teile der ersten zehn Mopeds vom Typ SR 1 mußten von Hand bearbeitet werden, und selbst als die Serienfertigung des Nachfolgemodells SR 2 längst lief, wurden beispielsweise sämtliche Rahmen noch von Hand geschweißt.

Doch die Produktion sollte wachsen. Die Kollegen um Meister Ewald Recknagel, der heute mit fast 50 Jahren Betriebszugehörigkeit zu den „alten Simson-Hasen" zählt, begannen zu knobeln. Ihr Ziel: CO₂-Schweißen der Rahmen mittels eines Automaten. Nach eigenen Vorstellungen wurde von Spezialisten konstruiert und gebaut. Seit Jahren ist dieser Automat inzwischen im Einsatz. Er hat, wie der heute 63jährige Verdiente Meister Ewald Recknagel versichert, die vier Kollegen, die den Automaten im Wechsel zweischichtig bedienen, noch nie im Stich gelassen. Bei Kontrollen durch das Amt für Standardisierung, Meßwesen und Warenprüfung und das Zentralinstitut für Schweißtechnik in Halle hat es an den Rahmenschweißnähten noch nie Beanstandungen gegeben.

Standardisierung... Spezialisten

Mit vielfältigen Ideen und konkreten Verbesserungsvorschlägen haben seit Jahren die Neuererkollektive und Rationalisatoren hervorragenden Anteil an einer immer rationelleren und qualitativ hochwertigeren Kleinkraftrad-Fertigung.

Mit zu den Neuerern gehört das Kollektiv der Konstruktionsabteilung, das mit seiner weitgehenden Vereinheitlichung der Typenbauteile den Grundstein für die Standardisierung und Großserien-Produktion legte und dabei besonderes Augenmerk auf die seriengerechte Gestaltung und vorteilhafte Ersatzteilehaltung richtete.

Beim Mokick „Star" und dem Kleinroller „Schwalbe" kommen 70 Prozent gleiche Teile zum Einsatz. Der „Habicht" ist sogar zu 90 Prozent identisch mit dem „Star". Großgeschrieben wird im Suhler Stammbetrieb des IFA-Zweiradkombinates die Qualifizierung der Mitarbeiter, der Fachleute, auf deren Fingerfertigkeit und perfektes Können es ankommt wie auf das Wissen der Spezialisten, die hochproduktive Präzisionsmaschinen steuern. Die Gehäuse-Taktstraße aus dem VEB WEMA Plauen beispielsweise, die die Simson-Motorengehäuse in bester Qualität vollautomatisch bearbeitet – und das sind heute täglich die kompletten Gehäuseteile für rund 600 Motoren – bedient sich einziger Spezialist. Man muß sich das vorstellen: Auf dieser Taktstraße zur Gehäusefertigung übernehmen 285 (!) verschiedene Werkzeuge die komplizierte Bearbeitung der Gehäuserohlinge, wie sie aus der Gießerei kommen.

Besseres und Neues

Gleichbleibend gute Fertigungsqualität, die den Ruf der Simson-Kleinkrafträder in aller Welt begründet hat, läßt sich jedoch nicht pachten und kann auch automatischen Fertigungseinrichtungen nicht überlassen bleiben. Die Suhler Zweiradbauer bedienen sich modernster Meß- und Prüfmethoden, und jede Verschleißteil, jeder Zylinder, jedes Gehäuse und jedes Getrieberad muß beispielsweise eine gewissenhafte Kontrolle auf Maßhaltigkeit und Fertigungsgüte über sich ergehen lassen.

Dank der schöpferischen Ideen und hervorragenden Arbeitsleistungen der Suhler Fahrzeugbauer konnten Jahr für Jahr mehr Kleinkrafträder in gewohnter Simson-Qualität die Montagebänder verlassen. Aber auch technischen Weiterentwicklungen an den Fahrzeugen selbst gingen häufig konkrete Verbesserungsvorschläge von Belegschaftsangehörigen voraus. Sie führten unter anderem zu einer verbesserten Bremsanlage, zur Leistungssteigerung des Motors und zur Senkung des Fahrgeräusches.

Im Mittelpunkt aller Überlegungen und Anstrengungen stand, wie schon in den vergangenen Jahren bei den Suhler Fahrzeugwerkern, stets das Neue, denn als weltbekannte Produzenten von Kleinkrafträdern sind die Aktivitäten immer wieder dahingehend ausgerichtet, den internationalen Trend mitzubestimmen, selbstverständlich unter den spezifischen Gegebenheiten des Fahrzeugeinsatzes bzw. der Zulassungsbestimmungen in der DDR und in den Exportländern.

Auch beim Simson-Mokick S 50, das auf der diesjährigen Leipziger Herbstmesse Vorstellungspremiere hat – es ist auf den folgenden Seiten technisch beschrieben – handelten die Simson-Konstrukteure und -Techniker nach diesen Grundsätzen.

Gleichzeitig sorgten sie jedoch mit aller Konsequenz dafür, daß das neue Modell von Anfang an in bewährter Simson-Qualität in die Hände seiner Besitzer gelangen kann. Wie jeder Prototyp mußte auch das S 50 die Prozedur einer harten Langstreckenerprobung in den Händen der Simson-Versuchsfahrer hinter sich bringen und auf Prüfständen seine Standfestigkeit bei höchster Beanspruchung beweisen. Tag für Tag waren die Fahrer der Versuchsabteilung in drei Schichten unterwegs, um dem neuen Mokick unter den verschiedensten Einsatzbedingungen auf den Zahn zu fühlen.

Mit der neuen Mokick-Generation und hervorragenden Arbeitsleistungen des VEB Fahrzeug- und Jagdwaffenwerk „Ernst Thälmann" kurz vor dem 25. Jahrestag der DDR ihren in- und ausländischen Kunden und Freunden auf dem Leipziger Messestand erstmalig vorstellen, dokumentieren sie augenfällig, daß ihnen die hohe staatliche Auszeichnung mit dem Karl-Marx-Orden zu Beginn des Jubiläumsjahres der DDR eine Verpflichtung ist.

Die Schwalbe eröffnete 1964 den Vogelreigen, in dessen Bauzeit das 2,5millionste Moped in Suhl fiel.

SR4-1 Spatz 1964–1970

Im Sommer 1964 löste der Spatz das SR2E ab. Bis auf den alten, etwas leistungsgesteigerten Sömmerdaer Zweigang-Motor und die Vorderradgabel war vom Vorgänger nichts übriggeblieben. Zunächst war der Spatz noch ein reines Moped...

Simson Moped „Spatz"

Typ SR 4-1

Technische Daten

Motor: Luftgekühlter Einzylinder-Zweitakt-Motor mit Pedalkickstarter bzw. Kickstarter – wahlweise
Hubraum: 47,6 cm³
Leistung: 2,0 PS bei 5200 U/min
Kupplung: Dreischeiben-Lamellen-Kupplung in Ölbad
Getriebe: Zweigang-getriebe im Motorblock, Drehgriffschaltung
Elektrische Anlage: Schwunglichtmagnetzünder 6 V, 33 W
Zündkerze M 14-240
Scheinwerfer 15/15 W, 100 mm ⌀
Bremslicht 18 W
Rücklicht 5 W
Signalhorn 6 V mit Trockenbatterie
Rahmen: Rohrprägerahmen
Federung:
Vorderrad: Kurzschwinge mit Schraubenfedern, Federweg 72 mm
Hinterrad: Schwinge mit reibungs-gedämpften Federbeinen, Federweg 85 mm
Kraftstoffbehälter: Inhalt 8,5 l, Mischung 1 : 33
Bereifung: 20 × 2,75
Bremsen: Vollnabenbremsen 125 mm ⌀, 25 mm Belagbreite
Leermasse: 65 kg (vollgetankt)
Zulässige Gesamtmasse: 170 kg
Kraftstoffverbrauch nach DIN 70030: 2,0 l/100 km
Höchstgeschwindigkeit: 50 km/h

Konstruktionsänderungen vorbehalten!

– Überzeugend in Formgebung und Ausstattung

Wer sich für das neue Moped Simson „Spatz" entscheidet, beweist guten Geschmack und praktisches Denken. Nach getaner Arbeit schnell die wichtigsten Besorgungen erledigen zu können und außerdem noch Zeit für die Annehmlichkeiten des Feierabends zu haben, gleichviel ob das Ziel in der Stadt oder im Freien liegt, jede Fahrt mit dem Simson „Spatz" macht Freude. Zur Freude kommt der Stolz, denn die neue Bauvariante ist ein Fahrzeugtyp, mit dem man sich sehen lassen kann und auch gesehen wird. Der millionenfach bewährte 1-Zylinder-2-Takt-Motor leistet jetzt 2 PS. Die großdimensionierten Vollnabenbremsen geben Sicherheit, die exklusive Vollschwingenfederung ermöglicht ermüdungsfreies Fahren und der 8,5 Liter fassende Kraftstoffbehälter gewährt einen großen Aktionsradius.

Simson „Spatz" ein schnittiges und äußerst zuverlässiges Moped, das den gesteigerten Ansprüchen im Fahrbetrieb gerecht wird, ist universell einsetzbar und kann wahlweise mit Pedal- oder Kickstarter und Fußrasten geliefert werden.

Simson Kleinfahrzeuge – Maschinen unserer Zeit!

Prägelenker, Scheinwerferverkleidung, 6-V-Signalhorn und Lenkerschloß sind markante neue Details dieses Fahrzeuges.

Die leicht abnehmbare Seitenverkleidung gestattet gute Zugänglichkeit zum millionenfach bewährten Motor-Getriebeblock.

Die reibungsgedämpften Federbeine der Hinterradschwinge mit 85 mm Federweg gewährleisten optimale Fahreigenschaften.

VEB Fahrzeug- und Gerätewerk Simson Suhl

Exporteur:

TRANSPORTMASCHINEN EXPORT-IMPORT
DEUTSCHER INNEN- UND AUSSENHANDEL · 108 BERLIN/DDR

Entwurf: Dewagwerbung Dresden
V/4/59-175 S 447/65

...aber schon kurz nach Produktionsanlauf war auch eine Variante mit Kickstarter erhältlich. Mit 1050 Mark war der Preis für das Suhler Einstiegsmodell gegenüber dem SR2E unverändert geblieben.

simson

MOPED

spatz **TYP SR 4-1** 2,0 CV 2,0 CH

C'est une vérité de la Palisse que la motorisation débute avec le cyclomoteur. Avec lui, les heures comptent doubles. Les distances semblent moins grandes. Le cyclomoteur Simson est la machine idéale pour tous ceux qui résident en banlieue ou dans les faubourgs et doivent dépendre de problématiques moyens de transport en commun. Peu importe si le chemin à accomplir jusqu'au lieu de travail comporte quelques kilomètres de plus ou de moins, avec «Spatz» on arrive toujours à temps au travail. Pas de distance à couvrir à pied, pas d'attente, pas de bousculade dans des trains bondés, avec un cyclomoteur Simson, on arrive toujours frais et dispos au but. Mais le SR 4-1 n'est pas seulement un moyen de transport, son économie, sa fiabilité et sa forme adéquate en font l'ami véritable de son possesseur.
Aux cyclomoteurs Simson; plus rien de provisoire comme c'était le cas pour les modèles de ce type de véhicules il y a quelques années. Tout est construit au mieux. Même dans les plus infimes détails, l'équipement en est extraordinaire. Et puis, c'est le secret de polichinelle que sur demande, il est naturellement possible de l'équiper de repose-pieds et d'un kickstarter.

Die 20-Zoll-Räder und der gesamte hintere Aufbau mit Rahmen, Federung, Kettenkapselung und Bremsen entstammten einem Baukasten, mit dessen Komponenten weitere »Vögel« zusammengebaut werden konnten.

INFORMATION '68

simson

MOKICK

50 km/h

spatz

2,3 PS — bei 5250 U/min

TYP SR 4-1

Zuverlässig wie ein Roboter

Bernhard St. in M.: „Als Sechzehnjähriger war ich bereits glücklicher Besitzer eines Simson-Mopeds. Zwar hatte es schon einige tausend Kilometer hinter sich, aber es „spurte" noch ausgezeichnet. Mit Beginn meiner Lehrzeit vor etwa drei Jahren erfolgte erfreulicherweise ein Modellwechsel. Das gut ausgefallene Schulabschlußzeugnis dürfte hierfür entscheidend gewesen sein.

Seitdem ist ein Simson-„Spatz" mein ständiger Begleiter bei Sonne, Wind und Wetter — durch alle vier Jahreszeiten. Täglich sind es etwa 50 km die wir beide rein dienstlich absolvieren. Die Fahrt zum Lehrbetrieb hat immer knappe Fahrzeiten, und da muß mir mein „Spatz" beweisen, was in ihm steckt. In Stich gelassen hat er mich noch nie, nie. Robustheit, Zuverlässigkeit und besonders Wirtschaftlichkeit sind seine starken Seiten. Auch für eine private Geländefahrt muß er oftmals herhalten — eine heiße Sache. Aber ohne zu murren trägt mich der „Spatz", mit ihm komme ich überall hin."

Überschwenglich ist diese Äußerung nicht, denn mit einem Simson-Mokick fährt man

In der Tat sehr gut. Das war schon mit den früheren Modell SR 2 E und seinen Vorgängern so, erst recht trifft es aber auf den modernen Typ SR 4-1 zu. Worin unterscheidet sich das frühere Modell SR 2 E von dem jetzigen Typ SR 4-1? Der hauptsächlichste Unterschied zwischen beiden liegt darin, daß das ehemalige Simson-Moped das Fahrrad als Vorbild hatte, das neue Simson-Mokick sich aber vom modernen Kleinkraftrad ableitet. Waren beim SR 2 E Rahmen, Sattel und Bereifung fahrradähnlich, so ist der „Spatz" mit einem kräftigen Zentralträgerrahmen, einer langhubigen Federbein-Hinterradschwinge, einem größeren

Ab 1968 trieb der Simson-eigene Motor M52 den Spatz etwas kräftiger an. Mit dem Ende des Motorenbaus in Sömmerda fiel auch die Pedal-Version fort. 1970 stellte Simson die Produktion des Spatz ein.

43

3
neue gesichter

Kurz nach dem Erscheinen des Spatz vervollständigte der Star mit der Typenbezeichnung SR4-2 im Spätsommer 1964 das Dreigestirn der »Vogelserie«.

Mokick Simson „Star"

50 cm³, gebläsegekühlter 1-Zylinder-Zweitakt-motor mit Kickstarter, 3,4 PS. 3-Gang-Getriebe – Fußschaltung. Rohrprägerahmen mit Sporttank und Doppelsitzbank. Vollschwingenfahrwerk, austauschbare Räder, Steckachsen, Vollnaben-bremsen. Modernste elektrische Anlage.

Moped Simson „Spatz"

50 cm³ luftgekühlter 1-Zylinder-Zweitaktmotor 2,0 PS. Pedalkickstarter oder Kickstarter wahl-weise. 2-Gang-Getriebe – Handschaltung. Rohr-prägerahmen mit Sporttank und Schaumgummi-einzelsitz. Vorderradkurzschwinge, Hinterrad-langschwinge, austauschbare Räder, Steckach-sen, Vollnabenbremsen. Vollgekapselter Ketten-antrieb.

Kleinroller Simson „Schwalbe"

50 cm³, gebläsegekühlter 1-Zylinder-Zweitakt-motor mit Kickstarter, 3,4 PS. 3-Gang-Getriebe – Handschaltung. Doppelrohrrahmen. Vollver-kleidung mit Doppelsitzbank. Vollschwingen-fahrwerk, austauschbare Räder, Steckachsen, Vollnabenbremsen. Modernste elektrische An-lage.

VEB FAHRZEUG- UND GERÄTEWERK SIMSON · SUHL (THÜR.)

Der mit dem von der Schwalbe her bekannten Motor bestückte Star entsprach vor allem den Vorstellungen des jüngeren Publikums. Es begann eine Erfolgsstory, an deren Ende über eine halbe Million verkaufter SR4-2 standen.

simson
MOKICK

star TYP SR4-2

3,4 CV 3,4 CH

Qui se refuse à profiter de la vie?
Qui se refuse à se détendre une bonne fois de tous les
soucis et de toutes les vicissitudes de la vie quotidienne?
Meubler ses loisirs n'est de nos jours plus un problème.
Plus de problème, que vous aimiez les promenades
tranquilles par monts et par vaux, ou les joies saines du
camping au bord de mer, ou encore le suspense d'une
course sur grande route, la possession d'un petit véhicule
motorisé permettra la réalisation de tous vos désirs.
Le nouveau mokick Simson «Star» est à la pointe de
sa classe. Sa partie cycle à suspension longue course
maîtrise tous les parcours, ses moyeux-freins de grande
dimension communiquent au pilote un sentiment à la
fois de tranquillité et de sécurité dans toutes les situations
de la circulation. Son moteur puissant permet d'obtenir
des moyennes respectables sur de longs parcours,
même lorsqu'on emporte sur le siège arrière
un compagnon de voyage. Le «Star» ne connaît
pas de difficultés thermiques, même dans les
longs lacets montagneux, puisque son moteur est
refroidi par turbine. Au cours des croisières
de nuit, l'équipement électrique moderne
de 33 watts assure un excellent éclairage.
Et puis, surtout, pensez-y, que ce soit
pour les impôts, les assurances, sa
maniabilité ou son entretien, le mokick
Simson «Star» possède tous les
avantages de la classe des cyclomoteurs
et bien d'autres encore.

*Bis auf das Lampengehäuse hatte man alle Teile des
neuen Mokicks schon einmal gesehen: Motor, Vollschwingenfahrwerk und vorderes Schutzblech an der
Schwalbe, Tank und hinterer Karosserieaufbau am Spatz.
Der Baukasten wurde perfekt genutzt! Fußschaltung wies
der Star von Anfang an auf.*

60 km/h für 1200 Ost-Mark! Schon bei der Einführung der Schwalbe war die zulässige Höchstgeschwindigkeit für die kleinen Fünfziger in der DDR per Gesetz um 10 km/h erhöht worden. So konnte der Star im Straßenverkehr hervorragend mithalten.

MOKICK *star*

3,4 PS bei **5750 U/min** **60 km/h**

TYP SR42/1

Kraft mit nützlichen Aspekten

Günter L. in H.: „Als Facharbeiter eines Elektro-Spezialbetriebes bin ich viel auf Außenmontage tätig. Die Baustellen liegen oft weit von meinem Wohnort entfernt. Trotzdem muß ich aber auf die Minute genau an meiner Arbeitsstelle eintreffen. Bei Schichtarbeit dominiert die Pünktlichkeit. Ich habe mich dem Simson-Mokick verschrieben, um alle beruflichen Wege ohne unnötige Wartezeiten erledigen zu können. Daß der „Star" ein so schmuckes Zweipersonen-Fahrzeug ist, und auch viele Freizeitwünsche erfüllt, ist die angenehme Zugabe. Ob ich werktags zu einer Baustelle unterwegs bin, oder ob ich am Wochenende eine Fahrt ins Grüne starte, stets bringt das Simson-Mokick zwei Personen mit nötigem Gepäck sicher ans Ziel.

Damit der „Star" auch in Zukunft ein Star der 50-ccm-Klasse bleibt, wurde seinem schlagkräftigen und kerngesunden Herz in unauffälliger, aber energischer Weise eine leistungssteigernde Massage verordnet. Das neue Triebwerk M 53/1 KF mit dem weiterentwickelten Vergaser 16 N 1-6 gibt die dem „Star", eigenen 3,4 PS jetzt schon bei 5750 U/min ab. Früher waren für diese PS-Leistung 6500 U/min nötig. Die Reduzierung der Drehzahl bringt allen wichtigen und stark belasteten Motorteilen wie Zylinder, Kolben, Pleuel, Kurbelwelle usw., eine weiterhin erhöhte Lebensdauer, obwohl der gebläsegekühlte Zweitaktmotor mit seinem Leichtmetallzylinder und dem kräftigen Kurbeltrieb schon bisher durch lange Laufzeit zu überzeugen wußte. Das maximale Drehmoment des

SR4-2 Star 1964–1975

1965 starteten zwei Mokicks SR4-2 zu einer spektakulären, 25 000 Kilometer langen Tour durch Ostasien. In einem heute sehr raren, umfangreichen Prospekt wird die Testfahrt ausführlich beschrieben.

Sie passen zueinander: Etwas elefantenhaftig Unverwüstliches haftete den kleinen Suhler Zweirädern schon immer an.

Fünf Jahre zuvor hatte das Team Wolfgang Schrader/Heinz Langer eine Afrika-Durchquerung auf zwei SR2E absolviert; diesmal war das Team nun ein Jahr lang auf Star-Mokicks unterwegs.

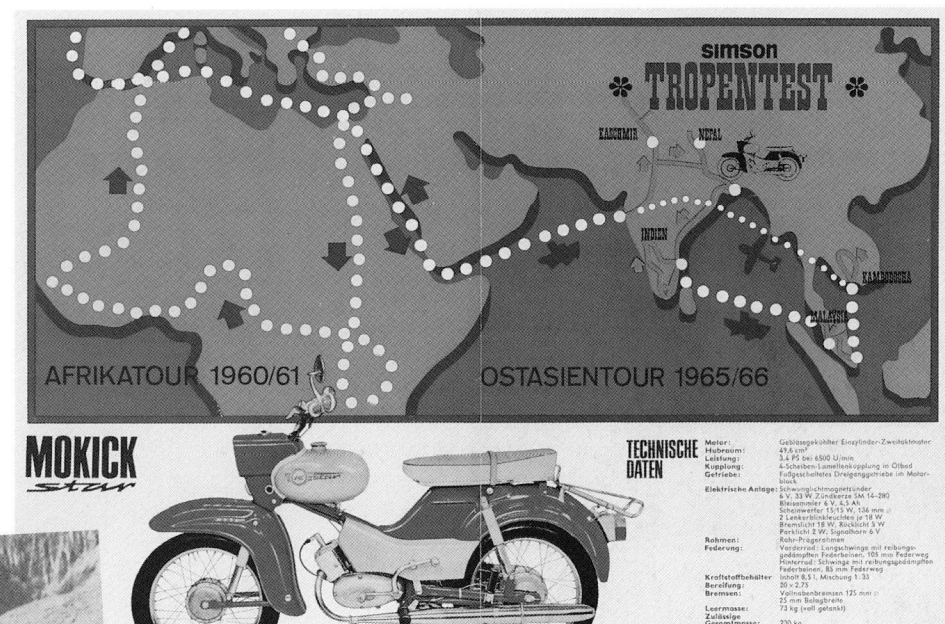

Der Star erhielt 1968 ebenfalls den verbesserten Motor M53/1 und trug von jetzt an die Typenbezeichnung SR4-2/1. Ansonsten blieb der Schwarm vieler junger, selbstbewußter Damen elf Jahre lang nahezu unverändert.

Alle Vöglein sind schon da: Mit dem »Sperber« erhielt
die Simson-Vogel-Familie 1966 ein viertes Mitglied.
Ein Prospekt in französischer Sprache.

simson
PETITS VÉHICULES
VUS EN DÉTAIL

Une ossature de valeur

Décisifs pour la bonne tenue de route d'un deux-roues motorisé sont sans nul doute la construction du cadre, la répartition du poids et la suspension. Tous les types SR 4 Simson sont construits sur le cadre moderne à poutre centrale avec combinaison type-matière estampée. La pièce maîtresse de cette partie cycle est le cadre monotube allant de la tête de pilotage aux amortisseurs arrières. Deux coquilles en tôle estampée forment le porte-siège sur lequel est montée la selle relevable. Le modèle KR 51 possède un cadre-pont double tube puissant. La suspension intégrale combinée jambes de force-amortisseurs, est obligatoire pour tous les véhicules Simson. Pour le cyclomoteur, on a utilisé un amortisseur court de roue avant. Avec le grand débattement des amortisseurs avants et arrières, c'est comme si les routes les plus désastreuses étaient repassées. Les pneus de moto et le siège rembourré de caoutchouc mousse accroissent encore le confort. Soignés jusque dans leurs moindres détails, les véhicules Simson sont également dans leur totalité une mécanique extra-ordinaire. Vraiment, les deux-roues Simson peuvent être classés parmi les véhicules les plus stables, les plus confortables et les plus sûrs qui soient.

Battements de cœur en deux temps

Les moteurs monocylindriques 50 cc de Simson sont construits pour répondre aux efforts les plus grands. La commande à manivelle stable, le système de graissage continu très avantageux et la forme parfaitement pesée du cylindre donnent force et résistance à ce deux-roues de la classe des cylindrées miniatures. Les carburateurs d'un nouveau type prennent soin d'un départ facile et d'une grande économie de carburant. Pour la diminution maximale des bruits, on a eu recours à un silencieux moderne et un système d'échappement efficace. On a obtenu une bonne dérivation de la chaleur moyennant les cylindres en aluminium fortement nervurés soit par le vent de croisière, soit par turbine. La suspension pratique, logée sur caoutchouc, du moteur, amortit les vibrations à un minimum. Tous ces moments agissant ensemble confèrent au moteur Simson son endurance proverbiale. Tous les moteurs deux temps Simson sont garantis «pleins gaz», peu importe qu'il s'agisse des modèles à deux, trois ou quatre vitesses, d'une puissance de 2 CV, 3,4 CV ou 4,6 CV.

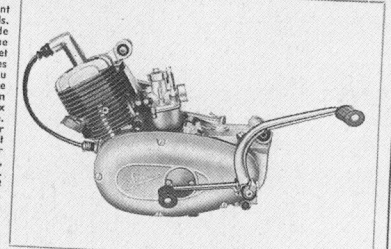

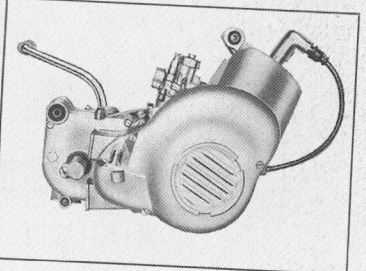

Bereits die Entwicklung der neuen Motoren-Generation zu Beginn der Sechziger Jahre hatte ein solches Modell wie den Sperber berücksichtigt.

Mit verlängerter Sitzbank und großem Tank mit Knieschluß sollte der Sperber einen Hauch von Motorrad verbreiten und Einsteiger in diese Fahrzeugkategorie ansprechen.

Der Simson-Händler hatte seine Mühe, den Sperber zu verkaufen: Mit 4,6 PS und 75 km/h Höchstgeschwindigkeit gehörte das SR4-3 zu der neu geschaffenen Klasse der »Kleinkrafträder«. Das bedeutete Motorradführerschein und Mehrkosten für Steuer und Versicherung.

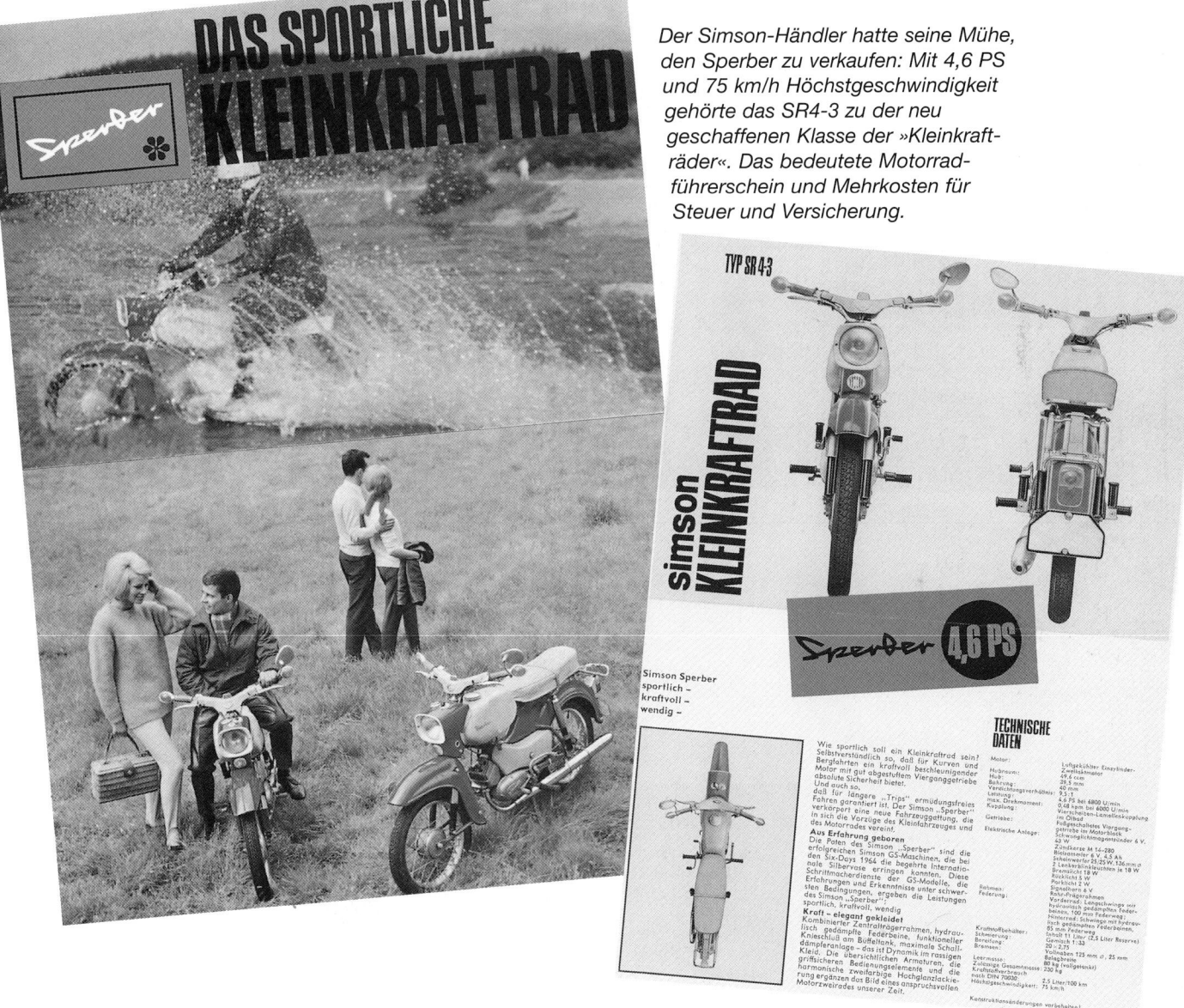

SR4-3 Sperber 1966–1972

Der kräftige Motor wurde durch den Fahrtwind gekühlt, vier Getriebegänge hielten die Drehzahlen im grünen Bereich. Eine unter dem Tank zwischen Sitzschale und Rahmenkopf verlaufende Strebe versteifte das Skelett des schnellen Vogels.

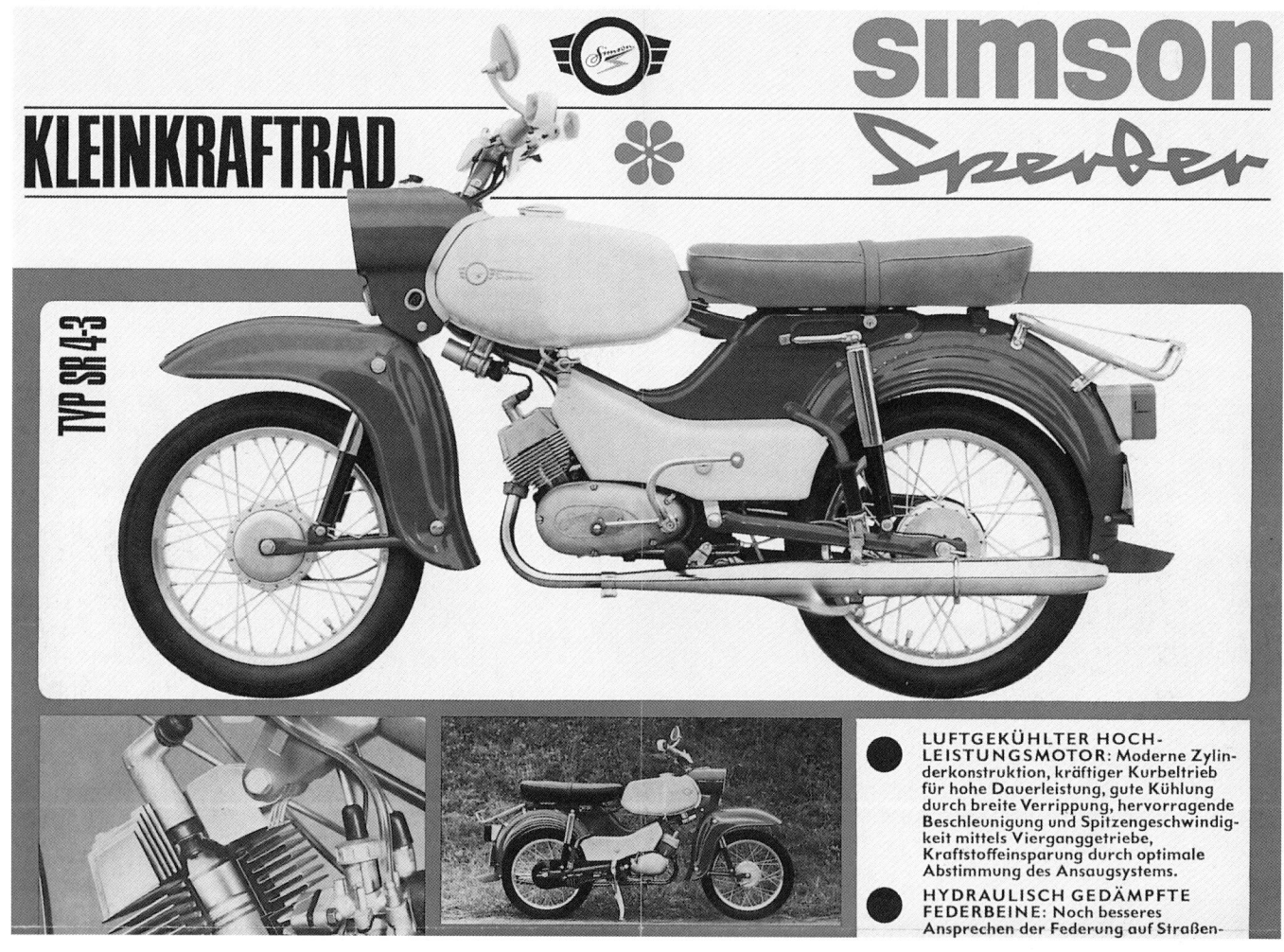

LUFTGEKÜHLTER HOCH-LEISTUNGSMOTOR: Moderne Zylinderkonstruktion, kräftiger Kurbeltrieb für hohe Dauerleistung, gute Kühlung durch breite Verrippung, hervorragende Beschleunigung und Spitzengeschwindigkeit mittels Vierganggetriebe, Kraftstoffeinsparung durch optimale Abstimmung des Ansaugsystems.

HYDRAULISCH GEDÄMPFTE FEDERBEINE: Noch besseres Ansprechen der Federung auf Straßen-

1970 schloß die IFA unter anderem Simson und MZ zum »IFA Kombinat Zweiräder« zusammen. Die Firmen verloren ihre Eigenständigkeit, was sich vor allem auf dem Exportmarkt negativ bemerkbar machte. Eine von vielen Fehlentscheidungen im DDR-Kraftfahrzeugbau.

Auch die nettesten Werbe-Sozias verhalfen dem Sperber nicht zu den erhofften Verkaufszahlen. Ein Exportprospekt von 1969.

SR4-3 Sperber 1966–1972

LUFTGEKÜHLTER HOCH-LEISTUNGSMOTOR: Moderne Zylinderkonstruktion, kräftiger Kurbeltrieb für hohe Dauerleistung, gute Kühlung durch breite Verrippung, hervorragende Beschleunigung und Spitzengeschwindigkeit mittels Vierganggetriebe, Kraftstoffeinsparung durch optimale Abstimmung des Ansaugsystems.

HYDRAULISCH GEDÄMPFTE FEDERBEINE: Noch besseres Ansprechen der Federung auf Straßenunebenheiten, noch bequemeres Fahren, noch geringerer Wartungsaufwand, noch größere Haltbarkeit.

MODERNER SCHEINWERFER: Größere Sicherheit bei Nacht und Nebel, helle Fahrbahnbeleuchtung durch Scheinwerfer 25/25 W mit 136 mm Lichtaustritt, Viereck-Scheinwerfergehäuse, Zündschloß und Tachometer sowie Leerlaufanzeige übersichtlich auf dem Gehäuseoberteil.

simson Sperber MOTOR

4,6 PS

75 km/h

FÜR ALLE TAGE – FÜR VIELE JAHRE simson Sperber

Mit dem SR4-3 kamen die Fahrer einer Fünfziger aus Suhl erstmals in den Genuß von hydraulisch gedämpften Federbeinen.

Ausnahmsweise hätten die staatlichen Lenker mit ihrem Votum gegen das Mofa einmal richtig gelegen. Aber die Suhler brachten ihr Baby entgegen deren Empfehlungen auf den Markt und erlebten damit prompt ein Fiasko. Ein Prospekt von 1971.

Immerhin mußten staatliche Preisvorgaben eingehalten werden, die keinen Luxus zuließen. So gab es erst im zweiten Produktionsjahr das Mofa SL1S gegen Aufpreis mit Hinterradfederung.

Auch für das 30 km/h langsame Mofa mußte eine Führerscheinprüfung abgelegt werden, außerdem war ein Helm zu tragen. Da setzte sich die umworbene Klientel doch lieber gleich auf einen Star oder eine Schwalbe. Nach 18 Monaten und 60.000 Exemplaren wurde die Mofa-Produktion im März 1972 wieder eingestellt.

*Und noch ein Vogel: Mit dem »Habicht«
zeigten die Simson-Manager, daß sie doch
noch ein Gespür für die Wünsche ihrer
Kunden hatten. Mit einfachen Mitteln
zauberten die Techniker aus dem flügel-
lahmen Sperber einen wahren Verkaufshit.*

SR4-4 Habicht 1971–1975

Der Habicht war ein Produkt aus dem Simson-Baukasten. Dem SR4-3 wurde der gebläse-gekühlte Star-Motor – unter Beibehaltung des Viergangetriebes – eingepflanzt und die Blech-teile mit der olivgrünen Farbe der Automatik-Schwalbe lackiert. Fertig war das SR4-4 in der preiswerteren Mokick-Klasse.

Geschwindigkeit ist keine Hexerei,
seitdem Hexen aus der Mode gekommen sind und ihre
auf Blitzgalopp getrimmten Besen bestenfalls noch
Museumswert besitzen. Geblieben ist die Freude am
Schwung. Das Vergnügen am Reisen.
Vorteilhafterweise auf einem gesattelten HABICHT,
dem modernen **Mokick aus Suhl.**
Abfahren, Fortsein, Wiederkommen –
belebender Reiz für alle Sinne.
Mittel zum Zweck, den eigenen
Horizont zu erweitern.
Die Umgebung wechseln heißt
die Laune wechseln.
An fremden Leistungen Maß nehmen.
Genüsse erproben.
Sei es für Stunden.
Sei es für Wochen.
Unabhängig vom Fahrplan
und dem Zwang
zum Kolonnefahren.
Der **HABICHT** wurde geschaffen
für den Blitzgalopp im Stil
unserer Epoche.
Umweht von einem Hauch
Geschwindigkeitsromantik,
taugt er gleichermaßen
als unentbehrliches Requisit
für Stipvisiten
wie für Urlaubsreisen.

Der Clou seiner Klasse

50 ccm Mokick

Genau das Richtige für Leute mit
Qualitätsansprüchen. Geeignet natürlich
auch als rentables,
sportliches Zweitfahrzeug.
Quicklebendig meistert der kleine ‚Feuerstuhl'
die großen Straßen.
Und erst recht die mehr oder minder
heftigen Kapriolen eines Querfeldein-
abstechers zu einer entlegenen
Angstelle oder einem idyllischen Zeltplatz.
Mit einem Wort:
Eine von uns maßgeschneiderte
Universalmaschine für Sport, Beruf
und Freizeit.
Ausgetüftelt bis ins Detail.

*Der Habicht galt in der DDR als »Edel-Fünfziger«;
nicht umsonst lief er im Export auch unter der
Bezeichnung »Star de luxe«. Im Vergleich zum
Sperber konnte der Jahresausstoß nahezu ver-
doppelt werden.*

SR4-4 Habicht 1971–1975

Wer es sich leisten konnte, fuhr auf den Habicht ab, trotz dessen längst überholter Bauform und einem Preis von 1430 Mark.

Politische Hürden waren dafür verantwortlich, daß in Suhl erst nach elf Jahren »Vogelflug« eine neue Mokick-Generation gebaut werden durfte. Den sportlichen Motorrad-Charakter des S50 prägten vor allem die Telegabel, die elastische Motoraufhängung und die komfortable Sitzbank. Ein Prospekt von 1975.

SIMSON Mokick

S50 N

IFA mobile·DDR

9,5 l-Tank
mit Knieschluß

Bequeme
Vollpolstersitzbank,
620 mm lang

Bremsschlußleuchte
21 W Stoplicht
5 W Rücklicht

Hydraulisch gedämpfte
Federbeine
Radfederweg 85 mm

Scheinwerfer 15/15 W -
136 mm Durchmesser

Telegabel
mit hartverchromten
Tragrohren,
130 mm Radfederweg
mit hydraulischem
Endanschlag

Fahrtwindgekühlter
3,6 PS-Motor mit
hohem Drehmoment,
3-Ganggetriebe

SIMSON Mokick S 50 N

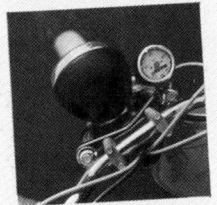

IFA mobile·DDR

Formel des Fortschritts - entwickelt für Sie

Neuen Bedürfnissen entsprechend wurde das neue Mokick S 50 N konzipiert. Das zweisitzige Kleinkraftrad erreicht bis 60 km/h. Der Motor arbeitet mit Fahrtwindkühlung und meistert auch Soziusfahrten bei Sommerhitze. Zylinder und Zylinderkopf besitzen eine größere Verrippung. Das Fahrzeug ist mit einem 3-Ganggetriebe ausgerüstet. Der Motor hängt elastisch im Rahmen, was die Motorschwingungen dämpft. Die wichtigsten Bauteile sind an dem Brückenrahmen angeschraubt und so leicht reparierbar.

Die neu entwickelte Teleskopgabel bestimmt das Fahrwerk. Ihr großer Federweg von 130 mm stellt einen internationalen Spitzenwert dar. Die Vorderradfederung mit hydraulischem Endanschlag sichert gute Radführung. Erhöhten Fahrkomfort und längere Grenznutzungsdauer ermöglichen die hydraulisch gedämpften Federbeine mit einem Federweg am Hinterrad von 85 mm. Außenliegende Bremshebel verbessern Dosierbarkeit und Wirksamkeit der Bremsen. Die 620 mm lange Sitzbank ist für diese Fahrzeugkategorie optimal. Die Geräuschentwicklung wurde trotz höherer Leistung reduziert, die Abgasfahne durch das Mischungsverhältnis 1 : 50 weitgehend beseitigt.

Zur elektrischen Anlage gehören neben dem Schwunglichtmagnetzünder der mit dem Lenker mitschwenkende Scheinwerfer 15/15 W mit 136 mm Lichtaustritt, das 5-W-Schlußlicht, die Tachobeleuchtung 0,6 W, ein 21-W-Bremslicht und ein Gleichstromsignalhorn, gespeist durch eine Trockenbatterie.

Hinsichtlich technischer Parameter sowie der Formgestaltung stellt das Mokick S 50 N unter vergleichbaren Erzeugnissen ein Spitzenprodukt dar.

Exporteur

DEWAG · DRESDEN
Fachkollektiv Fahrzeugbau
Gestaltung: G. Eckart

Transportmaschinen Export-Import
Volkseigener Außenhandelsbetrieb
der Deutschen Demokratischen Republik

DDR · 108 Berlin

INDUSTRIEVERBAND FAHRZEUGBAU DER DDR

VEB Fahrzeug- und Jagdwaffenwerk
Ernst Thälmann Suhl
IFA-Kombinat für Zweiradfahrzeuge

DDR · 60 Suhl

III/6/46 S 379 1975

Für 1200 Mark war der Einstieg in die neue S50-Serie möglich. Dafür gab es das »N«-Modell mit konventioneller Elektrik und ohne Blinkleuchten. Der weiterentwickelte Dreigang-Motor M53/2 mit 3,6 PS werkelte zunächst in allen S50-Varianten.

SIMSON **Mokick S 50 B1**

IFA mobile-DDR

9,5 l fuel tank with comfortable rest for knees, mixture ratio 1 : 50, serving environment protection

Comfortable full-stuffed bench-type seat, 620 mm long

Stop and tail light: stop light 21 W, tail light 5 W

Hydraulically damped telescopic legs, spring motion 85 mm

Headlamp 25/25 W - 136 mm ⌀ light exit

Telescope fork with hard chromium-plated supporting tubes, spring motion 130 mm, with hydraulically cushioned limit stop

Outside-placed ignition coil

Air cooled 3,6 h. p. motor with high torque, three-speed gear

Alterations of design and construction are reserved without notice!

Das S50B (ab 1976 B1) wartete unter anderem mit Vier-leuchten-Blinkanlage, Lichtmaschine samt Bleibatterie sowie mit drei verschiedenen Lackierungen auf. Der geschwungene, verstellbare Lenker ließ eine sehr bequeme Sitzhaltung zu.

IFA mobile·DDR

simson Mokick S 50 B1

The magic formula
of progress –
developed for you

This double-seat minicycle
represents a topclass product
considering its technical
characteristics, its degree of
equipment as well as its
modern sporting style.

As regards finish, lacquering in
various brillant colours as well
as chromium-plated and
polished components will meet
all pretentious demands.

VEB
Fahrzeug- und Jagdwaffenwerk
Ernst Thälmann Suhl

The
magic formula
of progress –
developed for you

VEB
Fahrzeug- und Jagdwaffenwerk
Ernst Thälmann Suhl

IFA-Kombinat
für Zweiradfahrzeuge

DDR - 60 Suhl

simson

Exporteur:
Transportmaschinen Export-Import
Volkseigener Außenhandelsbetrieb
der Deutschen Demokratischen Republik

DDR - 108 Berlin

*Ein neugestalteter
Kraftstofftank, ab 1978
in Serie, beeinflußte
nachhaltig die gesamte
Optik der S50-Typen.
Dafür sollte sich aber
nun zwölf Jahre lang
nichts Gravierendes
mehr ändern...*

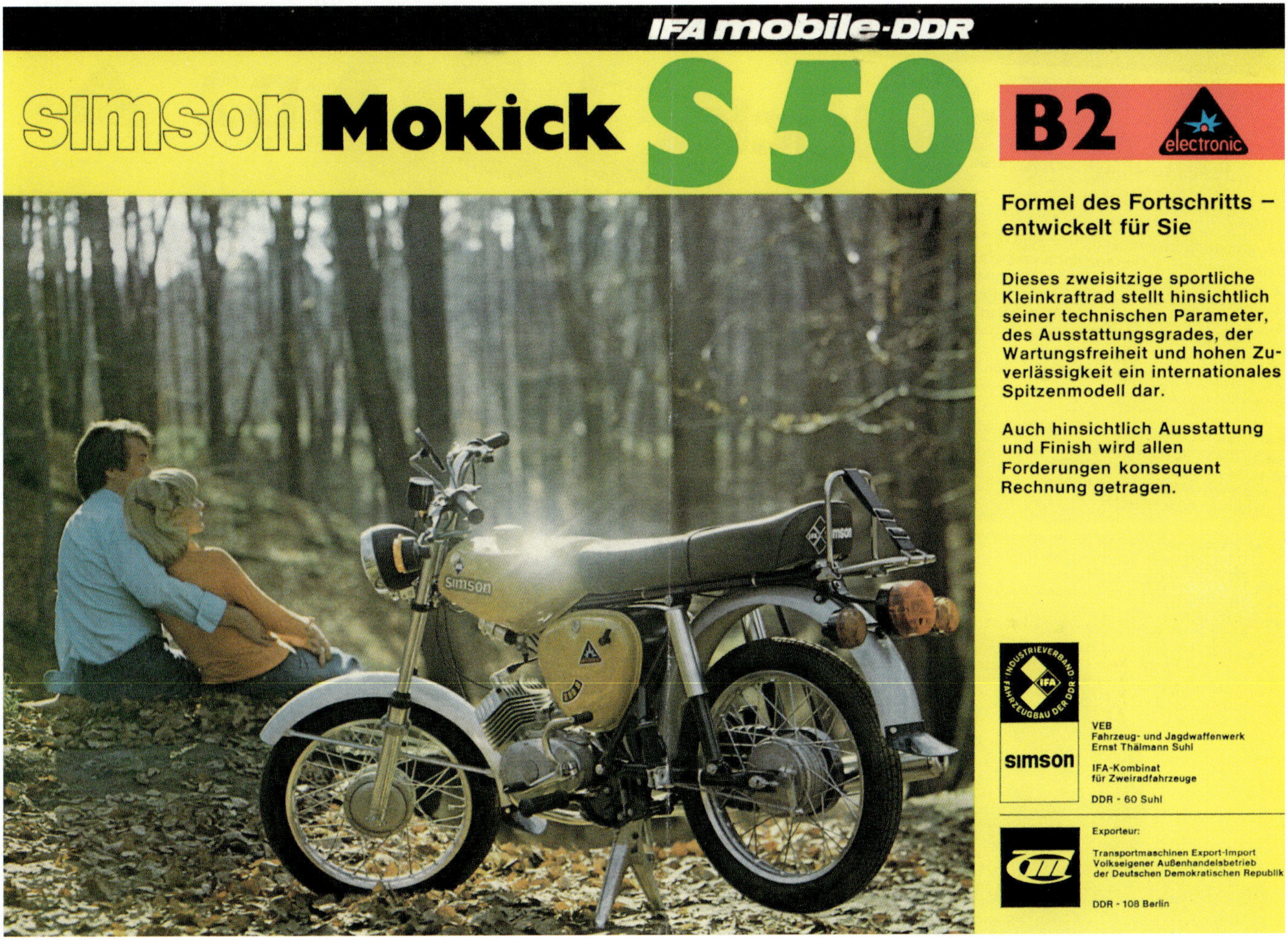

IFA mobile·DDR

SIMSON Mokick S50 **B2** electronic

Formel des Fortschritts – entwickelt für Sie

Dieses zweisitzige sportliche Kleinkraftrad stellt hinsichtlich seiner technischen Parameter, des Ausstattungsgrades, der Wartungsfreiheit und hohen Zuverlässigkeit ein internationales Spitzenmodell dar.

Auch hinsichtlich Ausstattung und Finish wird allen Forderungen konsequent Rechnung getragen.

simson

VEB
Fahrzeug- und Jagdwaffenwerk
Ernst Thälmann Suhl

IFA-Kombinat
für Zweiradfahrzeuge

DDR · 60 Suhl

Exporteur:
Transportmaschinen Export-Import
Volkseigener Außenhandelsbetrieb
der Deutschen Demokratischen Republik

DDR · 108 Berlin

Als Spitzenmodell ging im Herbst 1976 das S50B2 mit elektronischer Zündanlage und sehr guter Beleuchtungsanlage in die Serienproduktion. Aber auch der Preis von 1680 Ost-Mark war Suhler Spitze.

67

IFA mobile·DDR

simson Mokick S 50 B2 electronic

Das robuste fahrtwindgekühlte 2,65 KW-Triebwerk mit fußgeschaltetem 3-Ganggetriebe ermöglicht auch bei Soziusbetrieb eine Höchstgeschwindigkeit von 60 km/h. Das hervorragende Fahrwerk mit der Telegabel mit 130 mm Federweg und der hydraulisch gedämpften Hinterradfederung mit 85 mm Federweg erfüllt die verwöhntesten Ansprüche. Das Fahrzeug wurde nach den neuesten technischen Erkenntnissen konzipiert.

Der Clou ist die völlig wartungsfreie elektronische Hochspannungskondensatorzündung (MHKZ) mit gleichzeitig extrem hoher Zündkerzenstandzeit.

Die Lichtleistung von 35/35 W war bisher nur den großen Motorrädern vorbehalten. Am S 50 B 2 ist sie Realität. Ansonsten entspricht die umfangreiche elektrische Ausstattung mit 21 W-Bremslicht, Rücklicht 5 W, Lichthupe, Standlicht, Batterie 6 V 12 Ah mit Ladeanlage und Gleichstromsignalhorn der des bewährten Modells S 50 B 1.

Motorleistung:	2,65 KW (3,6 DIN-PS)/5 500 min⁻¹
Schmierung:	Gemisch 1:50
Zündung, Lichtmaschine:	Schwunglichtelektronikzünder 6 V außenliegende Zündspule und Ladeanlage für Batterie 6 V 12 Ah
Scheinwerfer:	35/35 W
Standlicht:	4 W im Scheinwerfer, 5 W in Rückleuchte
Blinkleuchten:	4 x 21 W
Getriebe:	Fußgeschaltetes 3-Gang-Getriebe
Radfederung:	Telegabel 130 mm Federweg, Hinterschwinge 85 mm Federweg hydr. gedämpft
Leermasse:	78,5 kp
Höchstgeschwindigkeit:	60 km/h
Kraftstoffverbrauch nach TGL 39-852 Bl. 2	2,1 l/100 km
Konstruktionsänderungen vorbehalten	

DIWAG DRESDEN Gestaltung G. Eckart III-6-15 2086-79 S 136-79

In den späten Siebzigern produzierte Simson knapp 180.000 S50-Fahrzeuge jährlich. Damit konnte die Nachfrage im Inland aber nicht gedeckt werden: Es gab Wartezeiten von einigen Monaten bis zu mehreren Jahren. Ein Export-Prospekt von 1979.

Die Typenreihe S51 präsentierte sich zu Beginn des Jahres 1980 äußerlich fast unverändert. Kernstück der überarbeiteten Mokicks war der neuentwickelte Motor M531/541 mit drei bzw. vier Gängen, wie er bereits für die Schwalbe zur Verfügung stand.

Modellpflege und Programmerweiterung 1982: Das
S51B2-4 erhielt eine verrippte Sitzbank, eine Faltenbalgabdeckung des Telegabel-Hubbereichs und damit die
Bezeichnung S51B2-4/1. Alle Modelle wiesen nun den
dicken Simson-Schriftzug am Tank auf. Das »E« stand für
die ins Programm aufgenommene Enduro-Variante.

SIMSON Mokick **S51** Typenreihe

Die Simson-Mokicks S 51 stellen hinsichtlich Technik, Wirtschaftlichkeit und Formgestaltung Spitzenleistungen im Bau von Zweiradfahrzeugen dar.

Gestützt auf jahrzehntelange Erfahrungen im Fahrzeugbau, können heute den Zweiradinteressenten Erzeugnisse angeboten werden, die in ihren technischen Parametern, ihrem umfangreichen Ausstattungsgrad und ihrer hohen Zuverlässigkeit kaum noch Wünsche offenlassen.

Ausstattungsvariante S51 N
- 3-Gang-Motor
- 31/21 W Primärzünder
- 25/25 W Scheinwerfer
- elektrisches Signalhorn durch Trockenbatterien gespeist

Ausstattungsvariante S51 B 1–3
- 3-Gang-Motor
- 25/21 W Primärzünder
- 4-Leuchten-Blinkanlage
- 6 V/12 Ah Bleibatterie
- 25/25 W Scheinwerfer
- Standlicht

Ausstattungsvariante S51 B 1–4
- 4-Gang-Motor
- 25/21 W Primärzünder
- 4-Leuchten-Blinkanlage
- 6 V/12 Ah Bleibatterie
- 25/25 W Scheinwerfer
- Standlicht

Ausstattungsvariante S51 B 2–4
- 4-Gang-Motor
- 35/21 W Elektronikzünder
- 4-Leuchten-Blinkanlage
- 6 V/12 Ah Bleibatterie
- 35/35 W Scheinwerfer
- Federbeine mit freiliegenden Tragfedern
- Ø 60 mm Tachometer mit Blinkleuchtenkontrolle
- Ø 120 mm Rundspiegel
- Standlicht

Technische Daten

Hubraum	49,8 cm³	Federung	Einfederung vorn 130 mm mit hydraulischer Wegbegrenzung	Tankinhalt	8,7 l
Motorleistung	2,72 kW bei 5500 U/min		Einfederung hinten 85 mm mit hydraulischer Dämpfung	Leermasse	78,5 kg
Schmierung	Kraftstoff-Öl-Gemisch 50:1			Nutzmasse	181,5 kg
Getriebe	mechanisches Ziehkeilgetriebe	Blinkleuchten	4 × 21 W	Höchstgeschwindigkeit	60 km/h
Kupplung	4-Scheiben-Lamellenkupplung mit Tellerfeder im Ölbad laufend	Bremslicht	21 W		
		Rücklicht	5 W		
		Streckenkraftstoffverbrauch	2,5 l–2,5 l/100 km		

50 km/h erfolgen. Die Motorleistung wird dann auf 1,8 kW bzw. 2,47 kW reduziert.

Auf Sonderwunsch kann eine Begrenzung der Höchstgeschwindigkeit auf 40 km/h erfolgen.

Konstruktionsänderungen vorbehalten!

Exporteur:
Transportmaschinen Export-Import
Volkseigener Außenhandelsbetrieb
der Deutschen Demokratischen Republik
DDR · 1080 Berlin

VEB Fahrzeug- und Jagdwaffenwerk
Ernst Thälmann Suhl

SIMSON IFA-KOMBINAT für Zweiradfahrzeuge Suhl · DDR

Da in der mittleren Ausstattungsvariante zwischen Drei- und Vierganggetriebe gewählt werden konnte, erhöhte sich die Angebotspalette gegenüber dem S50 auf vier Modelle.

Solidität, Zuverlässigkeit, Sparsamkeit im Kraftstoffverbrauch und lange Lebensdauer sind besondere Kennzeichen der weiterentwickelten Kleinkrafträder S 51 und KR 51/2 vom IFA Kombinat VEB Fahrzeug- und Jagdwaffenwerk Ernst Thälmann Suhl. Die neuen, modern gestalteten Motoren der Baureihe 501 sind besonders leistungsfähig und umweltfreundlich. Durch Fahrzeugvarianten mit Drei- und Vierganggetriebe sowie auch mit kontaktloser elektronischer Zündung steht eine breite Angebotspalette für individuelle Kundenwünsche zur Verfügung. Das S 51 ist ein Mokick für jedermann. Es eignet sich gleichermaßen für Freizeit und Sport wie auch für den Alltagsgebrauch.
Wer ein motorisiertes Zweirad sucht mit optimalem Schmutzschutz, dem ist der Kleinroller KR 51/2 bestens zu empfehlen.

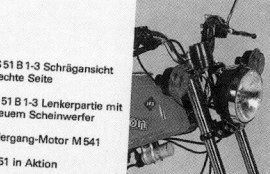

S 51 B 1–3 Schrägansicht rechte Seite

S 51 B 1–3 Lenkerpartie mit neuem Scheinwerfer

Viergang-Motor M 541

S 51 in Aktion

Milieuaufnahme KR 51/2

Außer dem Flachscheinwerfer fiel vor allem der neue Motor des S51 auf. In der Leistung nur geringfügig gesteigert, wartete er jedoch mit einem verbesserten Drehmoment auf.

Mokicks S 51 N — S 51 B 2-4/1 — S 51 B 1-3/1-4 — S 51 E

Mokick — SIMSON — S51 Enduro — IFA mobile-DDR

Modellpalette 1984. Das Rezept für die S51 Enduro war simpel: Auspuff und Lenker nach oben, zwei zusätzliche Rahmenunterzüge, Schutzbleche aus Kunststoff: fertig war das Traum-Zweirad vieler Jugendlicher in der DDR.

Die Federbeine des S51 Enduro
ließen sich entsprechend der
Belastung verstellen. Ab 1986
waren an der Telegabel und am
Gepäckständer seitliche Reflek-
toren angebracht.

Ein Prospekt von 1986. Das Mokick S51 sei für seinen hohen Preis zu bieder sowie zu sehr an die anderen Serienmodelle angelehnt, meinten Kritiker. Tatsächlich sahen Enduro-Mokicks westlicher Prägung Mitte der achtziger Jahre etwas mehr nach Feld, Wald und Wiese aus.

Mokick **S51** Enduro

Sportliche Eleganz und perfekte Simson-Kleinkraftradtechnik vereinen sich in diesem Spitzenmodell der S 51-Baureihe. Neben dem Alltagsstraßenbetrieb bietet es die Möglichkeit der sportlichen Betätigung im Gelände. Kräftige Rahmenunter-züge, Sportlenker, hochgezogene Auspuffanlage mit Wärme-schutz, stabile Laufräder und zweckentsprechende Schutzbleche prägen das äußere Erscheinungsbild.

Hydraulisch gedämpfte Federbeine mit verstellbarer Feder-vorspannung und die Telegabel mit hydraulischer Hub-begrenzung sorgen in Verbindung mit den griffigen Stollen-reifen für gute Bodenhaftung in allen Fahrsituationen.

Technische Daten

Motor:	50-cm³-Zweitaktmotor mit 4-Gang-Ziehkeilgetriebe
Hubraum:	49,8 cm³
max. Leistung:	2,72 kw (3,7 PS) bei 5500 U/min
Schmierung:	Kraftstoff-Öl-Gemisch 50:1
Kupplung:	4-Scheiben-Lamellenkupplung mit Tellerfeder, im Ölbad laufend
Federung vorn:	Telegabel mit 130 mm Federweg
hinten:	Schwinge mit zweifach verstellbaren Federbeinen, 90 mm Federweg
Zündanlage:	35/21 W Elektronikzünder[1])
Fahrtrichtungsanzeige:	4-Leuchten-Blinkanlage 21 W
Batterie:	6 V/12-Ah-Bleibatterie
Streckenkraftstoffverbrauch:	2,3–2,5 l/100 km
Tankinhalt:	8,7 l
Leermasse:	81 kg
Nutzmasse:	179 kg
Höchstgeschwindigkeit:	60 km/h

Konstruktionsänderungen vorbehalten!

[1]) Ausführungsvariante S 51 E-1 mit Primärzünder

Exporteur:
Transportmaschinen Export-Import
Volkseigener Außenhandelsbetrieb der
Deutschen Demokratischen Republik
DDR · 1080 Berlin

VEB Fahrzeug- und Jagdwaffenwerk
Ernst Thälmann Suhl
IFA-KOMBINAT
für Zweiradfahrzeuge
Suhl · DDR

S 278/81 III 9 86 Demo-Druck Dresden

DEWAG DRESDEN
Fachkollektiv Fahrzeugbau

Nach jahrzehntelanger Preis-
stabilität in der DDR durfte in
den achtziger Jahren einer
»Gebrauchswerterhöhung« auch
eine Preiserhöhung folgen. Viel-
leicht hat diesem Umstand das
Mokick S51 Comfort, ab 1983
gebaut, seine Existenz zu ver-
danken.

Einige Komfort-Elemente wie
Sitzbank und Federung hatte
das neue Spitzenmodell vom
S51E übernommen. Dazu
gesellten sich Drehzahlmesser, Seitenständer,
geschwärzter Motorblock
und neue Lackierungen.

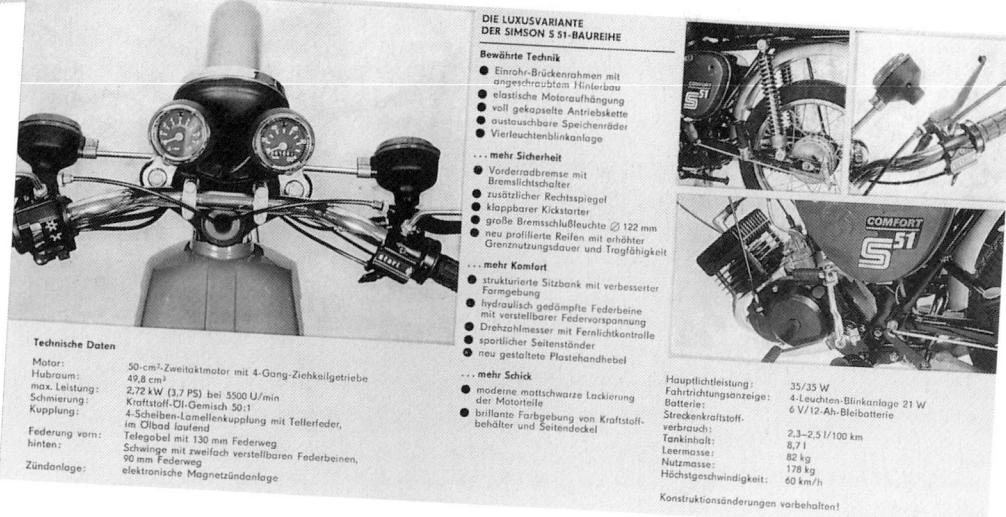

Nach zwölf Jahren wagten sich die Suhler 1983 wieder in die Motorrad-Klasse zurück: Sie stellten dem 50-ccm-Comfort-Modell eine auf 70 ccm Hubvolumen aufgebohrte Variante zur Seite.

Fotos: Böttcher (6)

1   Das neue Spitzenmodell der Mokick-Baureihe mit 50 cm³ in Straßenausführung: das S 51 C (wie comfort) in Weißlackierung – hier abgestellt auf dem zusätzlichen Seitenständer

2   Geschwärzter Motor des S 51 C. Der mattschwarze Lack verbessert den Korrosionsschutz und die Wärmeabstrahlung

3   Kickstarterseite des S 51 C; der Kickstarter ist hier klappbar

4   Die Lackierung in knalligem Rot ist ein Kennzeichen des Leichtkraftrades S 70 C, bei dem Rahmenunterzüge für zusätzliche Rahmensteifigkeit sorgen

5   Dank 70 cm³ und 4,1 kW (5,6 PS) bei 6000 U/min erreicht das S 70 C maximal 75 km/h. Drehzahlmesser und Tachometer gestatten die Kontrolle der jeweiligen Werte

6   „Simson" mit polizeilichem Kennzeichen – wesentliches Unterscheidungsmerkmal vom S-51-Mokick

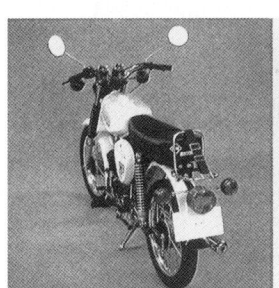

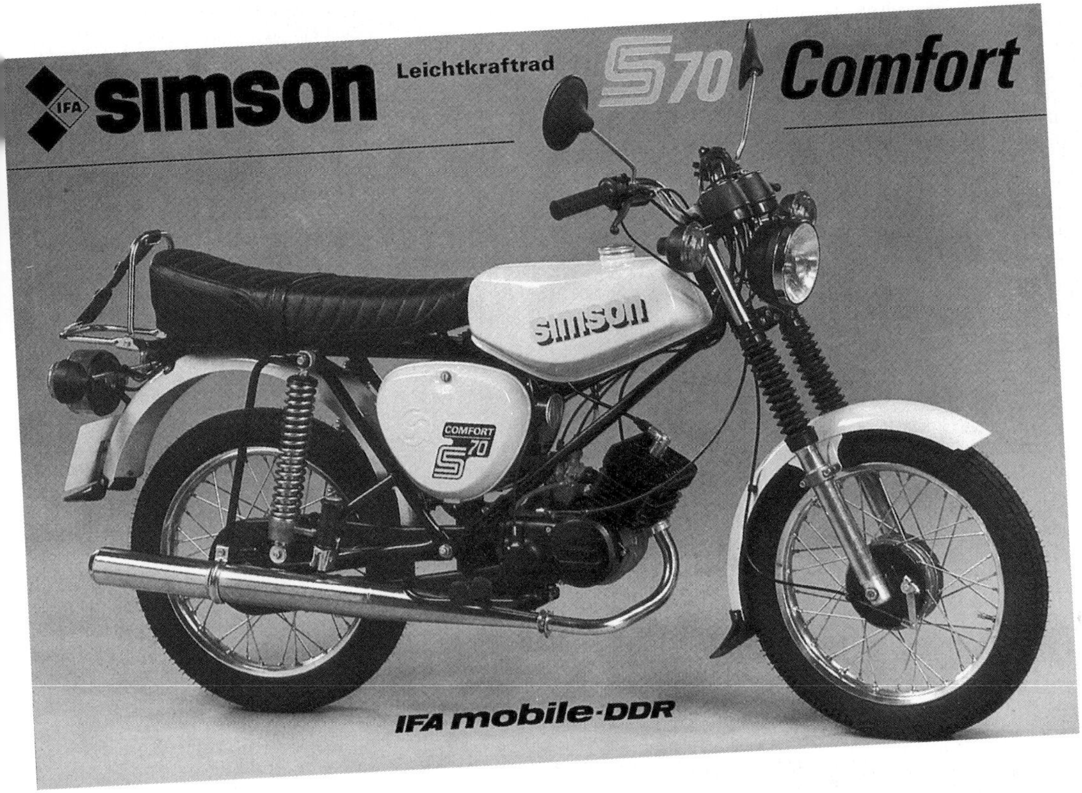
simson
IFA
Leichtkraftrad
S70
Comfort
simson
COMFORT
S70
IFA mobile-DDR

Hatte man den Sperber noch »Kleinkraftrad« genannt, so war jetzt die Bezeichnung »Leichtkraftrad« aktuell. Neben dem größeren Hubraum bekam das stärkere Modell S70 auch die Rahmenunterzüge des Enduro-Mokicks. Bei einem Verkaufspreis von 2490 Mark (eine 150er MZ in Luxusausführung kostete zu dieser Zeit 3925 Mark) hielten sich die Produktionszahlen in Grenzen.

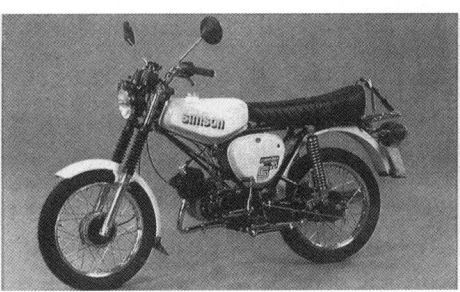

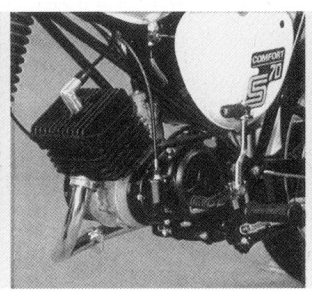

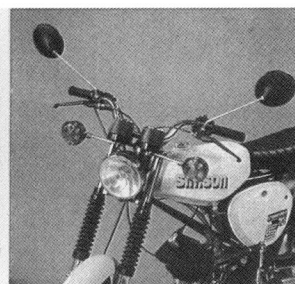

Neben der C-Version gab es das 70er auch als Enduro. Hochgezogener Kunststoff-Kotflügel und ein schwarzer Motorblock unterschieden es vom schwächeren Bruder.

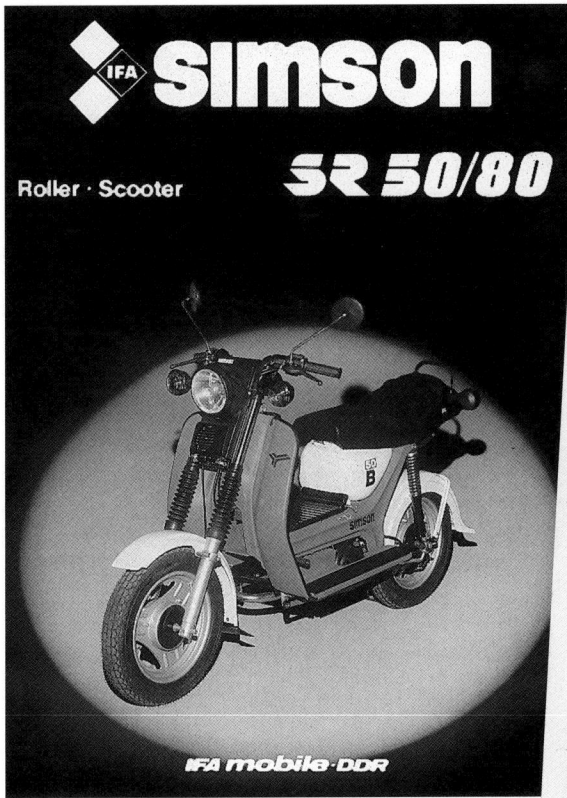

Präsentationen neuer Kraftfahrzeug-modelle hatten in der DDR Seltenheits-wert – um so stürmischer feierten Presse und Verantwortliche deshalb 1986 den Schwalbe-Nachfolger SR50/80.

Übersichtliche Anordnung der wichtigsten Elektrikbauteile
– Elektronische Blink- und Laderegelung
– Steuerteil der Elektronik-Zündanlage
– Zündspule
– Gleichrichterbauteil
– zentrale Steckeinheit für Kabelanschlüsse

Disposition claire des pièces électriques les plus importantes
– Réglage électronique des clignotants et de charge
– Pièce de commande de l'équipement d'allumage électronique
– Bobine d'allumage
– Redresseur
– Unité centrale de contacts à fiches pour câbles de raccordement

Das leistungsfähige Triebwerk besitzt eine drehmomentgünstige Motorkennlinie, ermöglicht einen zügigen Start und gute Steigfähig-keit – auch im Soziusbetrieb
– wahlweise 50 oder 70 cm³ Hubraum
– wahlweise 3- oder 4-Gang-Getriebe, fußgeschaltet
– wahlweise Elektrostarter

Le moteur de haut rendement possède une caractéristique normale qui est favorable pour le couple-moteur, qui facilite un départ rapide et une bonne capacité de montée – aussi en duo
– Cylindrée de 50 ou 70 cm³ au choix
– Boîte à 3 ou 4 vitesses au choix, sélection au pied
– Starter électrique au choix

Unter der abschließbaren, großflächigen Sitzbank ist viel mehr Raum, als Bordwerkzeug und Luftpumpe benötigen. Gut zugänglich sind Batterie und das Schaltrelais für E-Starter angeordnet.

Sous la grande selle bi-place qui peut être fermée, il y a plus d'espace que nécessaire pour l'outillage et la pompe à air. La batterie et le relais de commande pour le starter électrique sont bien accessibles.

Die weltweit einmalige Teleskop-gabel vorn, fünffach verstellbare Federbeine hinten, die üppige Sitz-bank und die kleinen 12-Zoll-Räder machten die markante Optik des neuen Kleinrollers aus. Einzig der Motor wurde von der Schwalbe übernommen.

SR50/80 1986–1990

»SR« stand 1986 nicht mehr für Simson-Rheinmetall, sondern für Simson-Roller. Die Bezeichnung SR80 war ein wenig geschummelt, besaß der Roller doch nur den auf 70 ccm aufgebohrten Motor des Leichtkraftrades.

Technische Daten
Einzylinder-Zweitakt-Motor,
fahrtwindgekühlt 50 oder 70 cm³
2,72 kW (3,7 PS) oder 4,1 kW (5,6 PS)
Gemischschmierung 1:50
3- oder 4-Gang-Fußschaltung

Elektrische Anlage
Schwunglichtprimärzünder
oder Schwunglichtelektronikzünder
wahlweise elektrischer Anlasser
6-V-Elektrik, bei Elektrostarter-Variante 12 V
Scheinwerferleistung 25 oder 35 W
4-Leuchten-Blinkanlage*)

Fahrwerk
Blechprägerahmen
Telegabel mit 130 mm Federweg vorn
Schwinge mit 5fach verstellbaren Federbeinen*),
85 mm Federweg hinten
Tankinhalt ausreichend für mehr als 250 km
Leermasse je nach Ausstattungsgrad
81–91 kg

Fahrleistungen
Höchstgeschwindigkeit 60 bzw. 70 km/h
Streckenkraftstoffverbrauch 2,4 bzw. 2,5 l/100 km
Kraftstoffverbrauch bei 50 km/h:
2,2 l/100 km

*) gilt nicht für alle Typen
Konstruktionsänderungen vorbehalten!

Données techniques
Moteur mono-cylindrique à deux temps
refroidissement par air 50 ou 70 cm³
2,72 kW (3,7 CV) ou 4,1 kW (5,6 CV)
Graissage 1:50
Boîte à 3 ou 4 vitesses, sélectée au pied

Châssis
Cadre en tôle emprimée
Fourche télescopique avec un course élastique de 130 mm, avant
Fourche oscillante avec jambes télescopiques à quintuple réglage*), course élastique de 85 mm, arrière
Capacité du réservoir d'essence suffisante pour plus de 250 km
Poids à vide 81–91 kg selon l'équipement

Rendements de marche
Vitesse maximum 60 ou 70 km/h
Consommation de carburant sur route 2,4 ou 2,5 l/100 km
Consommation de carburant à 50 km/h:
2,2 l/100 km

*) Ceci n'est pas valable pour tous les types
Sous réserve de modifications techniques

Equipement électrique
Volant magnétique primaire
ou volant magnétique électronique,
au choix starter électrique
Equipement électrique de 6 V, pour les versions à
starter électrique 12 V
Performance du phare 25 ou 35 W
4 clignotants*)

Der SIMSON „Bunny"

ist mehr, als nur ein Roller . . .

Super ausgestattet mit allem pi pa po und einem sicheren Fahrkomfort, der nicht unbedingt rollertypisch ist. Schon beim ersten Schlagloch oder beim Überfahren einer Bordsteinkante stellt man fest, daß der SIMSON „Bunny" mehr als ein Roller ist.

Zu fahren ab 16, (Führerschein Kl. 1 b u. 4) oder mit jedem Motorrad- und Autoführerschein.

Der „Bunny" muß nicht zugelassen werden, kostet keine Steuern und muß nicht zum TÜV.

Nur das Versicherungsschild dran und es kann losgehen, zum Einkaufen, zum Schwimmen, in die Schule, zum Camping usw, mit einem, in seiner Art und Ausführung wohl einmaligen Mokick-Roller des Enduro Weltmeisters „SIMSON".

Erster »gesamtdeutscher« Simson-Prospekt, gedruckt 1990: Der neue Roller konnte sich auch auf dem westlichen Markt sehen lassen. Unter der Bezeichnung »Bunny« mit gedrosseltem Motor (um den Zulassungsbestimmungen zu entsprechen) versuchte dieses neue Simson-Produkt nach Jahren der Enthaltsamkeit wieder Fuß zu fassen, doch die Erfolge blieben gering.

„KLICK" und mit den wasserdichten abschließbaren und tragbaren Koffern (Sonderzubehör) wird aus dem „Bunny" ein zweckmäßiger und schicker „Einkaufs oder Urlaubs-Bunny"

Steckbrief Simson „Bunny"

Motor:	Zweitakt	Batterie:	12 V
Zylinder:	Alu	Zündung:	kontaktlos
Hubraum:	49,8 ccm, Bohrung 38 mm, Hub 44 mm	Scheinwerfer:	12 V / 35/35 W LA-ø 136 mm
KW:	2,2 (3 PS) 5000 U/min.	Bremsen:	Trommelbremsen hinten und vorn 125 mm ø
km/h:	50	Reifen:	3.00 - 12 hinten u. vorn
Rahmen:	Zentralpreßrahmen	Felgen:	Stahlscheibenfelgen
Verbrauch:	2,4 Liter/100 km (Norm. bleifrei 1 : 50)	Federung vorn:	Telegabel, hydr. (Tauchrohre Alu) Federweg 130 mm
Tankinhalt:	6,5 l, Reserve 0,8 l	Federung hinten:	Federbeine hydr. 5 fach verstellb. (von Hand) Federweg 85 mm
Getriebe:	Viergang, Fußschaltung	Kraftübertragung:	über vollverkapselte Kette
Starter:	E. Starter u. Kickstarter (serienmäßig)	Leergewicht:	86 kg
Lichtm. Leistung:	42 / 21 W	Zul. Ges. Gewicht:	260 kg

Serienmäßige Ausstattung:	E. Starter u. Kickstarter · 5-fach verstellb. hydr. Federbeine hinten (leicht von Hand einzustellen) · Vierpunkt-Blinkanlage · Kontrolleuchten für Fernlicht · Blinker · Leerlauf · Elektrisches Horn 12 V · Stop-Licht · Vollverkapselte Kette · Seitlicher Gepäckträger ausklappbar · 2 Rückspiegel · Stauraum, gesichert durch abschließbare Sitzbank · Reichhaltiges Bordwerkzeug, Luftpumpe, Birnen-Set · 2 Satz Schlüssel im Lederetui · Gepäckhaken mit Federverschluß · Lichthupe · Starkes 12 V 35/35 W Auf- und Abblendlicht · Doppelt gepolsterte bequeme 2 Personen-Sitzbank (Länge: 64 cm). Lieferbar in den Farben blau und weiß.
Sonderzubehör:	Packtaschen

Wir empfehlen: 6149 Hammelbach W. Germ. Schulstraße 6 Telefon 0 62 53 / 40 36 - 37 Telex 468474 Fax 0 62 53 / 16 71

Ihr Fachhändler:

Konstruktionsänderungen vorbehalten.

Vom zweiten Produktionsjahr an hatte der Kunde beim Bunny die Wahl zwischen einem konventionellem Kickstarter und einem elektrischen Anlasser.

Mit 12-Volt-Elektrik und Katalysator versuchte der 1990 in Simson Fahrzeug GmbH umgetaufte Großbetrieb dem Umsatzschwund entgegenzuwirken...

...aber es half alles nichts. Die harte Währung setzte der Roller-Produktion in Suhl vorerst ein Ende.

simson ROLLER

SR 50/1 B

SR 50/1 C

SR 80/1 CE

Technische Daten

Hubraum:
49,8 cm³ (70 cm³)
Motorleistung:
2,7 kW bei 5000 U/min
(4,1 kW, 6000 U/min bei 70 cm³)
(2,2 kW, 5000 U/min bei Bunny)
Schmierung:
Öl-Kraftstoff-Gemisch 1:50
Federung:
Telegabel vorn
Hinterradschwinge mit hydraulisch
gedämpften Federbeinen hinten
Bremsen:
Leichtmetall-Vollnabenbremsen
125 Ø mm

Bremslicht:
21 W
Rücklicht:
5 W
Streckenkraftstoffverbrauch:
2,4 l/100 km
(2,5 l/100 km bei SR 80/1)
Tankinhalt:
6,5 l
Höchstgeschwindigkeit:
60 km/h
(75 km/h bei 80/1; 50 km/h bei Bunny)

**Konstruktionsänderungen
vorbehalten!**

*Das letzte Aufgebot: Die Modellvarianten
orientierten sich in etwa an den Mokick-
Typen. So gab es nun auch ein Modell
»N« als Grundversion. Die »CE«-Ausgabe
mit Elektrostarter blieb dem Roller vorbehalten.*

50 cm³ – Zweitaktmotor	Kraftstoffverbrauch 2,3. . .2,5 l / 100 km
Kraftstoff–Öl – Gemisch 50 : 1	12 V – Elektrik

Ende 1990 versuchte Simson mit zwei »neuen« Mokick-Typen den drohenden Konkurs abzuwenden. Nachdem eine Entwicklungsstudie des S52 mit Zentralfederbein aus Kostengründen nicht verwirklicht werden konnte, mußten noch einmal zwei alte Bekannte herhalten.

50 cm³ two – stroke engine	fuel consumption 2,3...2,5 l / 100 km
fuel – oil mixture 50 : 1	12 V – electric

Mit neuen, teils aus Kunststoff gefertigten Anbauteilen und der Sitzbank des SR50/80 mutierten die vorherigen S51-Topmodelle zum S53C bzw. S53E.

Simson-Mokick S53

fast ein kleines Motorrad

Simson-Mokick „S 53 C

Dieses Comfort-Modell ist die Straßenvariante der „S 53"-Baureihe. Eine Variante mit vielen fahrerfreundlichen Extras:
– klappbarer Kickstarter
– in die Instrumententafel im Cockpit integrierter Drehzahlmesser
– mattschwarz lackierte Motorteile.
Fürs bequeme Abstellen des Comfort-Modells sorgt eine zusätzliche Seitenstütze.
Außer dem üblichen Reifen 2³/₄ – 16 R mit K 36/1-Profil vorn, wird hinten ein 2,75 – 16 R K 43-Reifen eingesetzt. Seine Haftfähigkeit ist höher. Bei Nässe und in Kurvenlagen ein PLUS in puncto Sicherheit.

Kraftvoll, dynamisch und harmonisch – so präsentiert sich das neue Simson-Mokick „S 53" aus Suhl. In seiner Kompaktheit wirkt es fast schon wie ein kleines Motorrad. Auffallend der kräftige neue Tank, die fließende Formgebung der Seitendeckel und natürlich die als Cockpit ausgeführte Bugkanzel, in die ein quadratischer Scheinwerfer integriert ist.
Neu ist ebenfalls die in diese Bugkanzel eingelassene Instrumententafel mit einheitlicher und übersichtlicher Anordnung von Tachometer, den drei Kontrollleuchten für Leerlauf, Fern- und Blinklicht.
Der Zündlichtschalter ist bedienungsfreundlich in die Instrumententafel integriert. Harmonisch der Gesamtgestaltung des „S 53" angepaßt sind die Kotflügel vorn und hinten. Die passive Verkehrssicherheit unterstützen die attraktiven Sechseck-Blinkleuchten und das große viereckige Rücklicht. Beides gehört beim „S 53" zur Standard-Ausstattung. Auffallend bei den Straßenvarianten der „S 53"-Modellreihe ist der auf der rechten Seite angebrachte neue kurze Schalldämpfer. Hier wurde in Suhl eine patentierte Lösung serienwirksam, die der kompakten Gesamterscheinung des Simson-Mokicks entspricht. Die breite, weich gepolsterte und strukturierte Sitzbank des neuen Mokicks ist den Simson-Freunden schon von der Roller-Baureihe SR 50/80 bekannt und gehört jetzt auch bei den neuen Mokick-Modellen zur serienmäßigen Ausstattung.

Mehr Komfort auf der Straße…

Die einzigen Fahrzeuge, die eine stark geschrumpfte Belegschaft 1991 in Suhl noch produzierte, waren die S53-Mokicks.

Simson-Modell „S 53 E"

Die Enduro-Variante der „S 53"-Mokicks ist das Top-Modell für den Freizeitspaß im Gelände.

Besondere Kennzeichen:

Sportlich – spritzig – funktionell.

Der vordere Plast-Kotflügel ist starr an der unteren Gabelführung angeordnet. Er schwingt nicht mit. Das „S 53 E" besticht optisch durch seinen schnittigen Hochlenker. Ganz auf den Einsatz im Gelände zugeschnitten sind auch:
– der hochgezogene Schalldämpfer
– die beiden Unterzugstreben des Rahmens und
– die grobstolligen Reifen 2,75 – 16R mit dem Profil K 42.

Nach rasanter Fahrt erleichtert eine zusätzliche Seitenstütze das Abstellen.

Neues riskiert – auf Bewährtes gebaut

In der „Simson"-Mokick-Serie bestens bewährt hat sich der robuste, standfeste und leistungsfähige 50-ccm-Motor. Deshalb haben die „Simson"-Spezialisten auch ihr neues „S 53" damit auf Touren gebracht. Bei einer Motorleistung von 2,72 kW erreicht das „S 53" eine Höchstgeschwindigkeit von 60 km/h. Kraftstoffverbrauch: Nur 2,5 l/100 km!

Der Motor ist elastisch im Rahmen aufgehängt. Die Motorschwingungen werden somit weitestgehend gedämpft. Das Fahrwerk besteht aus einer kräftigen Rohr-Rahmenbrücke mit angeschraubtem Hinterrahmen. Für die Vorderrad-Federung wird die langhubige Teleskopgabel mit einem Federweg von 130 mm und hydraulischer Wegbegrenzung eingesetzt. Am Hinterrad sorgen die verblüffend einfach 5fach verstellbaren Federbeine mit außenliegenden Tragfedern für hohen Fahrkomfort. Hohe Fahr- und Verkehrssicherheit garantiert die 12-Volt-Elektroanlage.

„S 53"-Mokick – variabel mit vielen Modifikationen

Zur neuen Modellreihe der „Simson-S 53"-Mokicks gehören weitere Varianten, deren spezielle Ausstattung der Kunde selbst bestimmt. Dazu gehören die Serienmodelle „S 53 N" und „S 53 B". Auf Wunsch erweitern die „Simson"-Experten ihre Baureihe gern um ein weiteres Spezial-Detail. Völlig problemlos ist z. B. der Einsatz von 70-ccm-Zweitaktmotoren oder das Anpassen an Höchstgeschwindigkeiten von 50 bzw. 40 km/h.

Mehr Schwung im Gelände...

Nicht mehr als 5000 Fahrzeuge, die zudem nur schwer absetzbar waren, baute Simson 1991 noch – zu wenig, um weitere Finanzhilfen zu erhalten.

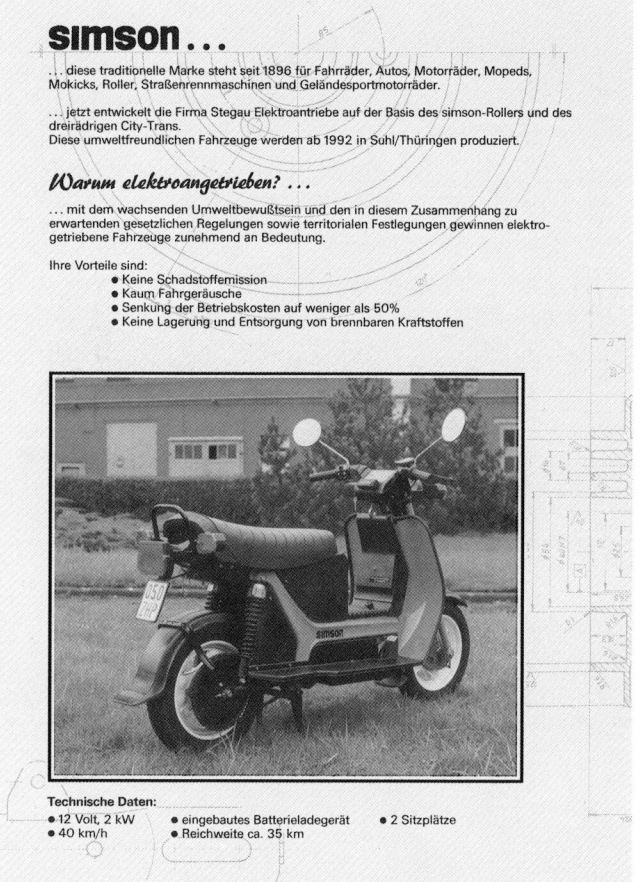

simson ...

... diese traditionelle Marke steht seit 1896 für Fahrräder, Autos, Motorräder, Mopeds, Mokicks, Roller, Straßenrennmaschinen und Geländesportmotorräder.

... jetzt entwickelt die Firma Stegau Elektroantriebe auf der Basis des simson-Rollers und des dreirädrigen City-Trans.
Diese umweltfreundlichen Fahrzeuge werden ab 1992 in Suhl/Thüringen produziert.

Warum elektroangetrieben? ...

... mit dem wachsenden Umweltbewußtsein und den in diesem Zusammenhang zu erwartenden gesetzlichen Regelungen sowie territorialen Festlegungen gewinnen elektrogetriebene Fahrzeuge zunehmend an Bedeutung.

Ihre Vorteile sind:
- Keine Schadstoffemission
- Kaum Fahrgeräusche
- Senkung der Betriebskosten auf weniger als 50%
- Keine Lagerung und Entsorgung von brennbaren Kraftstoffen

Technische Daten:
- 12 Volt, 2 kW
- 40 km/h
- eingebautes Batterieladegerät
- Reichweite ca. 35 km
- 2 Sitzplätze

Die Anfang 1992 gegründete Suhler Fahrzeugwerk GmbH besann sich auf alte Traditionen und produzierte nach über einem Jahr Pause wieder den letzten Suhler Rollertyp SR50/80.

Elektrofahrzeuge im Einsatz ...

... viele Städte und Gemeinden haben ein vitales Interesse, die Lebensqualität ihrer Bewohner und Gäste zu verbessern. Einige haben schon begonnen, ihre Kernbereiche für Fahrzeuge mit Verbrennungsmotor zu sperren.
Parks und Kurzonen sind ohnehin autofrei.
Manche Orte fördern bereits die Anschaffung von Öko-Fahrzeugen mit Zuschüssen von mehr als 1000,– DM pro Sitzplatz!

Das ist Ihre Chance, kostengünstig und umweltfreundlich mobil zu sein, wenn Sie
- Märkte, Innenstädte, Parks, Volksfeste gastronomisch bedienen – Gastrovariante Dreirad
- Frei Haus-Lieferung von Backwaren, Milch und ähnlichen Bestellsortimenten tätigen – Ladekasten-Dreirad
- Fußgängerzonen und Parks von Müll, Laub und anderen Rückständen entsorgen – Ladekasten-Dreirad
- mit dem 2sitzigen E-Roller zur Arbeit, zum Einkauf, zu Bekannten fahren

Technische Daten:
- 1 Sitzplatz + Zuladung 100 kg
- eingebautes Batterieladegerät
- Reichweite ca. 40 km
- 36 Volt
- 40 km/h

In Zusammenarbeit mit der Firma Stegau Elektroantriebe entstand Ende 1994 auch eine batteriebetriebene Variante des Rollers, ebenso vom interessanten dreirädrigen City-Trans.

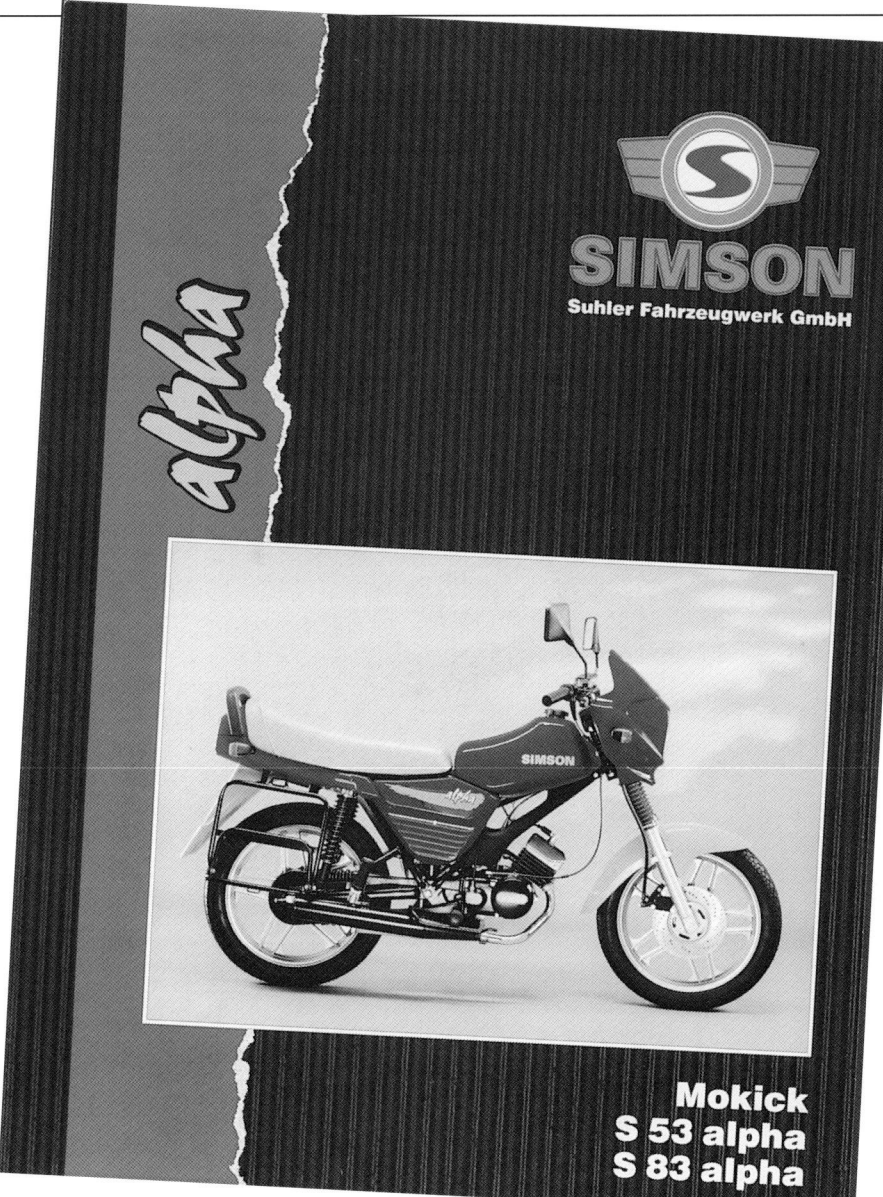

SIMSON
Suhler Fahrzeugwerk GmbH

alpha

**Mokick
S 53 alpha
S 83 alpha**

*Auch das gute alte Mokick S53 (51)
in nochmals überarbeitetem Design
gehörte in mehreren Ausführungen
dem neuen Suhler Sortiment an.*

Mit dem neu entwickelten Star 50 meldete sich Simson endgültig zurück und brauchte internationale Konkurrenz keineswegs mehr zu scheuen.

... entweder mit
Kunststoffwanne (250 l)
oder verschließbarer Alukiste (360 l)

SIMSON

Standfest & Sicher:
Albatros mit Feststellbremse & Warnblinkanlage

Albatros

- Kiste -

LAST EN ROLLER

Cockpit Sperber 50

5-Gang-Getriebe

Zentralfederbein

FUN BIKE

Und die Vögel fliegen inzwischen wieder: Mit dem neuen Sperber mit Zentralfederbein konnte endlich die unterbrochene Entwicklung des S52 abgeschlossen werden. Und dann zieht da noch der Albatros auf langen Schwingen seine Kreise...

Habicht 50/80 S

S ... wie Sonderausstattung
S ... wie Scheibenbremse
S ... wie Sicherheit
S ... wie Simson

Motor	Fahrtwindgekühlter Zweitakt-Ottomotor/ Schmierung mit Kraftstoff-Öl-Gemisch 50:1
Hubraum	49,9 ccm / 70 ccm
Leistung	2,4 kW (3,3 PS) / 4,1 kW (5,6 PS)
Getriebe	4-Gang-Ziehkeilgetriebe
Starter	Kick
Bremsen	Vorn: Scheiben Hinten: Trommel
Gewicht	79 - 87 kg
Farbvariante	silber, kosmosblau

MOKICK

Technische Daten

Modell	SR1	SR2	SR2E	KR50	Schwalbe KR51	KR51F	KR51/1
Bauzeit	1955-1957	1957-1959	1959-1964	1958-1964	1964-1968	1965-1968	1968-1971
Motor (Zweitakt)	Rh50	Rh50II		KRoRh50	M53KH	M53KFR	M53/1KH
Hubraum (ccm)	47,6				49,6		
Verdichtung	6:1	7:1	(ab 1962 7,5:1)	7,5:1(ab 1963 8,5:1)	9,5:1		
Leistung (PS/min)	1,5/5000		(ab 1962 1,8/5500)	2,1/5500 (ab 1963 2,3)	3,4/6500		3,6/5700
Kühlung	Fahrtwind				Radialgebläse		
Getriebe	2-Gang, Handschaltung				3-Gang, Handschaltung	3-Gang, Fußschaltung	3-Gang, Handschaltung
Rahmen	Zentralrohr			Doppelrohr			
Radführung vorn	Schwinghebel		Kurzschwinge	Schwinghebel (ab 1959 Kurzschw.)	Langschwinge mit Federbein		
Radführung hinten	Schwing-Hinterbau			Schwinge mit Federbein			
Bereifung	26 x 2,00	23 x 2,25		20 x 2,25 (ab 1959 16 x 2,50)	20 x 2,75		
Gewicht (kg)	51	54	55	63 (ab 1962 68)	79		80
Höchstgeschw. (km/h)	45			50	60		
Stückzahl	152 000	390 000	515 000	164 500	163 500		25 000

Modell	Schwalbe KR51/1F	KR51-1S	KR51-1K	KR51/2N	KR51/2E	KR51/2L
Bauzeit	1968-1980	1971-1980	1974-1980	1979-1986		
Motor (Zweitakt)	M53/1KFR	M53/11AR	M53/1KFR	M531KFR	M541KFR	M541/1KFR
Hubraum (ccm)	49,6			49,8		
Verdichtung	9,5:1					
Leistung (PS/min)	3,6/5750			3,7/5500		
Kühlung	Radialgebläse			Fahrtwind		
Getriebe	3-Gang, Fußschaltung	3-Gang, Automatik	3-Gang, Fußschaltung		4-Gang, Fußschaltung	
Rahmen	Doppelrohr					
Radführung vorn	Langschwinge mit Federbein	Langschwinge				
Radführung hinten	Schwinge mit Federbein	Langschwinge				
Bereifung	20 x 2,75					
Gewicht (kg)	80	83,5	80		81,5	
Höchstgeschw. (km/h)	60					
Stückzahl	350 000	44 600	185 000	90 800	124 500	84 900

Modell	Spatz SR4-1P	SR4-1K	SR4-1SK	Star SR4-2	SR4-2/1	Sperber SR4-3	Habicht SR4-4
Bauzeit	1964-1967	1964-1966	1967-1970	1964-1970	1968-1975	1966-1972	1971-1975
Motor (Zweitakt)	SÖ-4-1P	SÖ-4-1K	M52	M53KF	M53/1KF	M54KF	M54/11KFL
Hubraum (ccm)	47,6		49,6				
Verdichtung	7,5:1		8,5:1	9,5:1			
Leistung (PS/min)	2,0/5200		2,3/5250	3,4/6500	3,4/5750	4,6/6750	3,4/5750
Kühlung	Fahrtwind			Radialgebläse		Fahrtwind	Radialgebläse
Getriebe	2-Gang, Handschaltung			3-Gang, Fußschaltung		4-Gang, Fußschaltung	
Rahmen	Zentralrohr-Schalenrahmen					Zentralrohr-Schalenrahmen, verstrebt	
Radführung vorn	Kurzschwinge			Langschwinge			
Radführung hinten	Schwinge mit Federbein			Langschwinge			
Bereifung	20 x 2,75						16 x 2,75
Gewicht (kg)	65	68		73		80	79
Höchstgeschw. (km/h)	50			60		75	60
Stückzahl	30 000	122 000		505 800		80 000	77 200

Modell	Mofa SL1	SL1S	S50N	S50B	S50B1	S50B2
Bauzeit	1970-1971	1971-1972	1975-1980	1975-1976	1976-1980	
Motor (Zweitakt)	M51A		M53/2KF		M53/21KF	M53/22KF
Hubraum (ccm)	49,6					
Verdichtung	8:1		9,5:1			
Leistung (PS/min)	1,6/4000		3,6/5500			
Kühlung	Fahrtwind					
Getriebe	1-Gang, Automatik		3-Gang, Fußschaltung			
Rahmen	Kasten-Trägerrahmen		Zentralrohr			
Radführung vorn	-	Kurzschwinge	Teleskopgabel			
Radführung hinten	-	-	Langschwinge			
Bereifung	20 x 2,25		16 x 2,75			
Gewicht (kg)	38,5	40,5	76,5	81		
Höchstgeschw. (km/h)	30		60			
Stückzahl	60 200		86 300	81 400	287 000	125 000

Modell	S51N	S51B1-3	S51B1-4	S51B2-4	S51E	S51C
Bauzeit	1980-1987	1980-1988	1980-1989		1982-1988	1983-1989
Motor (Zweitakt)	M531/2KF	M531KF	M541/1KF		M541/4KF	M541/5KF
Hubraum (ccm)	49,8					
Verdichtung	9,5:1					
Leistung (PS/min)	3,7/5500					
Kühlung	Fahrtwind					
Getriebe	3-Gang, Fußschaltung		4-Gang, Fußschaltung			
Rahmen	Zentralrohr				Zentralrohr, Unterzug	Zentralrohr
Radführung vorn	Teleskopgabel					
Radführung hinten	Langschwinge					
Bereifung	16 x 2,75					
Gewicht (kg)	75,5	79,5			83	82
Höchstgeschw. (km/h)	60					
Stückzahl	103 000	242 000	360 600	305 100	160 000	31 000

Modell	S51/1B	S51/1E	S51/1C	S70E	S70C	S70/1E
Bauzeit	1989-1990			1983-1988		1989-1990
Motor (Zweitakt)	M542KF	M542/4KF	M542/5KF	M741/2KF	M741/1KF	M742/2KF
Hubraum (ccm)	49,8			69,9		
Verdichtung	9,5:1			10,5:1		
Leistung (PS/min)	3,7/5500			5,6/6000		
Kühlung	Fahrtwind					
Getriebe	4-Gang					
Rahmen	Zentralrohr	Zentralrohr, Unterzug	Zentralrohr	Zentralrohr, Unterzug		
Radführung vorn	Teleskopgabel					
Radführung hinten	Langschwinge					
Bereifung	16 x 2,75					
Gewicht (kg)	78,5	83,5	82,5	84		
Höchstgeschw. (km/h)	60			75		
Stückzahl	91 500	53 500	81 750	12 900	20 000	4350

Modell	SR50N	SR50B3	SR50B4	SR50C	SR50CE	SR50/1C	SR50/1CE	SR50/1B
Bauzeit	1986-1987	1986-1989		1987-1989	1986-1988	1989-1990		
Motor (Zweitakt)	M531/2KFS	M531KF	M541KF	M541/1KFS	M541 EFS	M542/1KFS	M542EFS	M542 KFS
Hubraum (ccm)	49,8							
Verdichtung	9,5:1							
Leistung (PS/min)	3,7/5500							
Kühlung	Fahrtwind							
Getriebe	3-Gang		4-Gang					
Rahmen	Blech-Formteil-Rahmen							
Radführung vorn	Teleskopgabel							
Radführung hinten	Langschwinge							
Bereifung	3,0 x 12R							
Gewicht (kg)	80	82	82,5	86	88	87	88,5	83
Höchstgeschw. (km/h)	60							
Stückzahl	6740	96 430		16 750	7300	20 380	4500	51 350

Modell	SR80CE	SR80/1CE	S53N	S53B	S53C	S53E
Bauzeit	1987-1988	1989-1990	1990 -			
Motor (Zweitakt)	M741EFS	M742EFS	M543/3KF	M543KF	M543/1KF	M543/2KF
Hubraum (ccm)	69,9		49,8			
Verdichtung	10,5:1		9,5:1			
Leistung (PS/min)	5,6/6000		3,7/5500			
Kühlung	Fahrtwind					
Getriebe	4-Gang					
Rahmen	Blech-Formteil-Rahmen		Zentralrohr			Zentralrohr, Unterzug
Radführung vorn	Teleskopgabel					
Radführung hinten	Langschwinge					
Bereifung	3,0 x 12R		16 x 2,75			
Gewicht (kg)	88,5	89	78	81	83	
Höchstgeschw. (km/h)	75		60			
Stückzahl	1880	950	-			

Echt Klassik

Alles über Motorrad-Klassiker auf zwei Rädern, über Firmen-, Modell- und Marken-geschichten, Praxistips zur Reparatur und Restaurierung.

MOTORRAD CLASSIC gibt es alle 2 Monate am Kiosk oder fordern Sie Ihr kostenloses Probeheft an unter Telefon 0711/182-1729 oder per Fax 0711/182-1343